27, rue des Grands Augustins. 75006 Paris

ISBN : 978-2-35490-273-5

Site internet des éditions du Relié :
http://www.editions-du-relie.com

Jean-Louis Cianni

SOCRATE
MÉDECIN
POUR TEMPS DE CRISES ET CATASTROPHES

le Relié

À mes amis Anne-Marie,
Marie-Christine, Jean-Paul et Pierre.
Au fidèle Henri

PROLOGUE

Inquiétude, ignorance, insatisfaction. Ce sont aujourd'hui les noms de nos Parques, ces divinités antiques maîtresses de l'histoire des hommes. Elles sont les filles de cette période inédite qui voit les crises s'accumuler et les catastrophes s'enchaîner. Nos désastres font leur berceau. Orage après orage, elles se fortifient et tiennent désormais entre leurs mains, inflexibles, le fil de notre destin, prêtes à le couper net. Sous leur puissance obscure, nous perdons nos certitudes, nos espoirs, et nos rêves aussi paraissent emportés. Nous souffrons jusque dans nos cœurs et personne ne semble en mesure de dominer le malaise général et de nous orienter. Le doute et le désarroi ont infiltré nos esprits.

Le mal insidieux qui frappe la civilisation du marché mondial a déjà muté dans nos têtes où il emballe notre système de défense mental contre la panique et la confusion générales. L'asservissement des scientifiques, les dissimulations des politiques, la focalisation abrutissante des médias, les délires des réseaux sociaux nous enfoncent chaque jour dans un trou noir psychique, dans lequel nous ne pouvons plus rien savoir, plus rien comprendre, plus rien espérer.

Comment et quoi penser, en effet, dans un climat aussi turbulent qu'anxiogène ? Peut-on encore penser ? Ce qu'il faudrait penser se dérobe dans le malheur, et pourtant c'est au plus haut point ce nous ne pouvons éviter de penser, et c'est encore notre devoir de tenter de le penser. Comment nous réorienter dans cette situation limite qui nous hallucine ? Ne pas sombrer dans la peur et la tristesse ? Trouver un minimum de discernement et de réassurance ? Réactiver la volonté de comprendre et l'envie de vivre ?

Hannah Arendt nous a encouragés à « penser l'événement pour ne pas succomber à l'actualité », à nous extraire de la pression et de l'urgence, du flux d'informations ponctuelles et désordonnées qui, ombres portées autant que portantes, accompagnent inévitablement les crises que nous traversons. Ce courant aujourd'hui nous engloutit dans l'hypnose médiatique et l'ivresse malheureuse des réseaux sociaux. Penser ce qui nous arrive, nos crises et nos catastrophes, exige donc qu'on pense à rebours de l'actualité, en s'éloignant au plus loin de son épicentre.

Dans un monde qui sacrifie tout au présent, il devient nécessaire de prendre du temps et du recul. Le présent est-il aussi pur, aussi préférable, qu'on nous le vend ? Il a ses aveuglements et ses dangers. Vivre uniquement dans et de cet aujourd'hui, c'est aussi devenir responsable des dégâts qu'il provoque. Dans ses *Considération inactuelles*, Nietzsche nous a alertés sur les risques d'un culte obsédant de l'immédiateté : « Combien, au contraire, ceux qui n'ont pas le sentiment qu'ils sont les citoyens de ce temps ont le droit d'être pleins d'espérance. S'ils étaient de ce temps, ils contribueraient à sa destruction et périraient avec lui, tandis qu'au contraire ils veulent éveiller le temps à une vie nouvelle, pour se perpétuer dans cette vie même. »

Afin d'envisager une vie à la fois plus lucide et plus sereine, cet essai propose, donc, de remonter aux sources. De retourner un moment en Grèce, quatre siècles avant notre ère, auprès de Socrate, qui, à travers la promotion du questionnement philosophique, invitait ses concitoyens à une pratique inédite : le soin de soi. Cette incitation ne tombait pas d'un ciel métaphysique. Elle résonnait dans une Athènes en crise, ébranlée par une épidémie, une succession de guerres et de conflits politiques internes, au bord d'un précipice historique dans lequel elle n'allait pas tarder à disparaître. Comme les nôtres, l'existence de Socrate se joue dans un contexte violent et incertain. Sa (la) philosophie voit le jour sur fond de désastres.

Socrate appelait à vivre « une vie qui s'examine », qui se valorise et se donne un sens, au-delà de son destin biologique et de ses contraintes physiques ou économiques. Sa pratique philosophique, très éloignée des nôtres, s'apparentait à un traitement médical contre des pathologies qui frappent à la fois l'individu et la cité, et qui nous affectent nous aussi : l'ignorance et le pédantisme, la démagogie et le panurgisme, les intérêts personnels et les passions aveugles, la crédulité et le désespoir.

Accoucheur de pensées, guérisseur des discours, Socrate se voulait soignant de l'âme individuelle, de ses désirs aussi aveugles que violents, de ses errements et de ses peurs. Il tentait dans un même mouvement de guérir une cité divisée, soumise aux injustices et menacée par le populisme. Son traitement, le soin de soi, se voulait l'antidote des poisons de son temps. Il visait aussi bien l'individu, convié à puiser en lui-même les ressources nécessaires pour affronter les épreuves de la vie, que le citoyen appelé à repenser son existence politique.

En revenant à quelques-uns de ses messages essentiels, pour tenter de retrouver en eux la raison et la confiance perdues, il ne s'agit pas de sombrer dans la nostalgie d'un quelconque matin perdu de la pensée, ni de conjurer l'angoisse du présent dans le refuge apaisant du passé. L'objectif serait plutôt d'organiser une méditation stratégique, de déjouer le mouvement d'une actualité qui ne peut plus rien dire sur elle-même. De reprendre un élan, comme on puise au fond de soi, dans son enfance et pour ses enfants. D'injecter dans une actualité malade le vaccin du temps long et lointain qui relie la vie à elle-même et lui permet de se recommencer. Mais aussi de prendre l'époque à contre-courant de ses aspirations inauthentiques et de ses insatisfactions inconscientes.

On se tromperait cependant si on cherchait dans la médecine socratique des remèdes miracles à tous les maux dont nous sommes accablés. Sa philosophie n'est pas une doctrine et ne se referme jamais sur une vérité possédée. Elle n'est pas non plus une discipline prescriptive et moralisante qu'on pourrait agencer dans un kit utilitaire. Socrate ne délivre pas de l'effort que chacun doit faire pour s'éveiller lui-même et ouvrir son propre chemin. Il propose une plateforme de questionnement.

Dans la confusion et la détresse du monde actuel, le questionnement socratique, revisité dans ses principes, sa méthode et ses objectifs, à partir de quelques phrases qui ont fait sa renommée, utilisés ici comme des fragments archéologiques retrouvés, nous fournirait-il un point d'appui, un centre, à partir desquels nous pourrions mieux faire face à nos maladies et nos malaises ?

I

« Ayez soin de vous-mêmes, ne vous négligez pas. »

→ La philosophie que Socrate concevait et pratiquait comme un soin de soi pourrait-elle nous aider à nous orienter dans un monde en crise ?

→ Que faut-il entendre par prendre soin de soi ?

→ En quoi consiste une thérapie de l'âme ?
Diffère-t-elle d'une médecine et d'une psychothérapie ? Quelles pathologies traite-t-elle ?
Quel type de santé recherche-t-elle ?

→ La médecine socratique a-t-elle fait des émules ?
Pourrait-on encore l'appliquer aujourd'hui ?
Comment nous servirait-elle à lutter contre la négligence et le mépris des hommes ?
Nous protégerait-elle de la désespérance et du pessimisme ?

→ Le choix d'une vie qui s'examine et se questionne est-il encore notre meilleure défense contre les agressions actuelles que subit notre lucidité ?

Les addictions massives en témoignent, et le large éventail aussi des prises en charge possibles, des psychothérapies les plus fiables aux pratiques les plus fantaisistes : dans le monde violent et inquiétant où nous habitons désormais, nous avons besoin de soutien pour exister, penser et aimer. Notre mode de vie nous malmène et les perspectives d'avenir qu'il ouvre manquent autant de clarté que d'attractivité. Que ce soit pour faire une simple pause, trouver de nouvelles ressources, changer notre manière de vivre, de comportement, ou apaiser nos tourments, nous voulons prendre soin de nous.

Le mot soin est vaste, il englobe des demandes très différentes. Nous voudrions avoir le temps de nous accorder plus d'attention pour dissiper ce sentiment que la vie nous échappe dans l'agitation des jours. Nous aimerions retrouver une estime de soi que l'on ne s'accorde plus, une considération qu'on attend des autres, et qui ne vient pas, dans une société individualiste tissée de concurrence et de jalousie.

Nous cherchons également à conjurer notre inclination première au mal-être, à traiter nos passions tristes et nos dépressions. Nous désirons aussi que notre société protège les plus faibles, qu'elle garantisse un bon fonctionnement de la justice et de la liberté. Enfin, nous exprimons l'ambition de donner un sens et une valeur tant à notre vie individuelle qu'à notre vie d'humain dans le monde. Nous voulons penser notre vie, mais notre capacité à penser et à nous penser se dérègle autant que notre climat, notre économie ou notre vie dans la cité.

Prendre soin de soi, ce serait saisir dans un même mouvement de recentrage l'aspiration à une bonne vie, le souci d'une société bienveillante et la recherche de sens. L'éthique, la politique, la philosophie et la spiritualité s'enroulent dans cette demande à laquelle le système qui organise nos conditions de vie actuelles ne semble pas vouloir ni pouvoir répondre. Un monde néo-barbare s'est installé. On y vit dans l'angoisse des catastrophes, le culte de la rivalité et l'abêtissement général.

***

Laissons un moment ce monde incertain et menaçant pour retourner en Grèce au ve siècle av. J.-C. et retrouver Socrate (-470/-399). Car il est le premier penseur d'Occident à formaliser le soin de soi et à lui donner un nom. Cette thérapie originale, cette médecine de l'âme, il la baptise en même temps qu'il la promeut. Il lui donne le nom de philosophie, signifiant désir, recherche de la sagesse.

Nous avons aujourd'hui une conception particulière de la philosophie, bien éloignée de celle de son fondateur. Le terme désigne communément une matière ardue, réservée à des spécialistes, qu'on survole au lycée, en classe de terminale, sans bien en comprendre le sens et l'importance. En dépit d'initiatives intéressantes pour la populariser ou l'ouvrir à un très jeune public d'enfants, la philosophie reste une discipline obscure et rebutante, chasse gardée d'une élite intellectuelle.

Selon une autre idée très répandue, la philosophie ne servirait à rien. Pour deux raisons au moins. D'abord parce que renvoyant l'individu à l'usage de soi, à la liberté de penser sa vie, la philosophie s'invalide elle-même, le circuit le plus court restant de l'exercer par soi-même, sans le soutien de quiconque. Ensuite parce que, en vertu d'un préjugé tenace, la philosophie équivaut à un retrait du monde sur lequel elle n'aurait aucune prise. Elle se trouve rejetée deux fois au nom d'un utilitarisme expéditif.

La philosophie est ainsi à la fois survalorisée et remisée. Son utilité, ses bienfaits pourtant se révèlent incontestables dans les épreuves individuelles ou les crises collectives que la vie nous impose. Chacun alors, pour sortir de son égarement, pour se réorienter, cherche auprès des philosophes des sources d'éclairage et de réassurance. La philosophie recouvre tout son sens quand l'opinion commune se trouve plongée dans le doute ou la stupeur, quand tout pour elle devient insaisissable et ténébreux, c'est-à-dire en réalité quand elle prend conscience d'elle-même et de ses limites... En dépit de ces situations exceptionnelles, la philosophie n'a plus rien à voir avec le soin des âmes auquel Socrate invitait. Celui-ci est désormais l'affaire de la psychologie, de la spiritualité ou du développement personnel.

Par philosophie, terme qu'il aurait emprunté à Pythagore, Socrate entendait non pas une discipline théorique, destinée à construire une vision du monde, mais une activité à laquelle il sacrifiait le plus clair de son temps. Cette pratique consistait, non pas à se retirer chez soi pour écrire dans la solitude – Socrate n'a laissé aucun livre –, mais, au contraire, à discuter avec les Athéniens, là où ceux-ci passaient leur temps : sur l'agora, dans les gymnases ou les salles de banquet. Ces premières caractéristiques suffisent à démarquer nettement la philosophie de Socrate de celle des penseurs d'aujourd'hui. Pour lui, c'était une pratique inséparable de la vie publique, immergée dans la communauté. Au départ, le philosophe et le citoyen actif se confondent, le penseur et l'homme de la rue se côtoient.

Dans *Le Banquet*, un dialogue célèbre où il cherche à cerner la nature du désir, Socrate n'hésite pas à se référer à une figure féminine, Diotime de Mantinée, prêtresse et prophétesse, qui l'aurait initié aux mystères de l'amour. Et dans un autre, on le voit questionner un jeune esclave et trouver dans ses réponses la preuve d'une raison innée dans l'esprit humain. Dans une société grecque faite par et pour les hommes libres, Socrate n'hésite pas à se glisser jusque dans ses marges, auprès de ses exclus. Il va partout où la cité palpite et où sa vérité la plus refoulée se crispe.

Avant de dégager les lignes générales de la thérapie socratique, il faut rappeler que le promoteur de la philosophie n'est pas une seule personne, mais un duo. Platon est l'autre moitié d'un couple fondateur. Seules des exégèses de spécialistes permettent de distinguer ce qui revient au socratisme pur et ce qui relève du platonisme émancipé. De la figure réelle de Socrate et de son personnage dans les dialogues écrits par Platon. Une lecture chronologique des œuvres de Platon fait apparaître un Socrate A, un Socrate B, et plus encore une figure littéraire absente dans les dernières œuvres. Platon se fait d'abord le porte-voix de Socrate, puis les rôles s'inversent au fil des dialogues, Socrate devenant son pseudonyme, son avatar. Ainsi, afin de ne pas compliquer inutilement les messages, nous considérerons les deux hommes comme un seul et même penseur que nous appellerons Socrate.

On se perdrait, en effet, à tenter de démêler ce qui relève de l'identification, du jeu littéraire – Platon possède sur ce registre un génie sidérant –, parfois même de l'humour et de la dérision. D'autant plus que Socrate apparaît comme un personnage complexe, ambivalent, passé maître dans l'art de l'ironie et du second degré, pratiques toujours déroutantes et difficilement acceptées au nom d'une culture bien pensante. Mais ces aspects ne doivent pas nous rebuter. La dualité Socrate-Platon et l'ambiguïté du seul Socrate ne sont pas inutiles. Elles nous gardent au contraire de toute sacralisation du philosophe, excès qui serait non conforme à la fois à sa volonté et à ses objectifs.

Il est vrai que Socrate, par les positions courageuses qu'il a pu prendre, devant ses juges, et encore plus face à la mort, force l'admiration. Mais les témoignages de ses fidèles, qui ont forgé sa légende, sont tempérés par les critiques et les moqueries dont il a fait l'objet. La philosophie telle que Socrate la concevait, c'est-à-dire comme un engagement total, à la fois personnel et politique, n'allait pas de soi dans la cité d'Athènes. Le contexte de réception était loin d'être assuré.

Si elle passionnait les jeunes Athéniens pour son tour novateur et contestataire, la philosophie, que Socrate pratiquait toujours au fil d'un dialogue vivant, dérangeait ses concitoyens et inquiétait les partisans de l'ordre établi. Les discussions quelquefois tournaient mal. On secouait Socrate, on en venait aux mains. Si bien qu'un jour l'expérience socratique tourna à la tragédie. Quelques citoyens réactionnaires, jaloux sans doute, ou qui se sentaient visés par ses attaques, l'accusèrent d'impiété et de corruption de la jeunesse et demandèrent son exécution. Au terme d'un procès public, un jury populaire condamna le philosophe à la peine capitale. Conformément à l'usage à Athènes, Socrate dut se l'infliger lui-même en absorbant un poison violent : la ciguë.

C'est quand il cherche devant ses juges à définir son activité philosophique, moment particulièrement dramatique où il joue sa vie, que Socrate développe son plus pressant encouragement : prendre soin de soi. Il explique qu'il ne vise qu'à persuader son concitoyen « de ne s'occuper d'aucune autre de ses affaires avant de s'occuper de lui-même ». Le soin de soi doit être une priorité absolue et un souci constant. Mais que faut-il réellement entendre par s'occuper de soi ?

La santé est un bien élémentaire. Il convient donc évidemment de prendre soin de son corps, mais ce souci-là est à la fois insuffisant et inessentiel. La philosophie de Socrate se distingue donc très clairement de la médecine. Mais elle ne lui est ni étrangère ni hostile. Le père de la médecine, Hippocrate, est contemporain de Socrate et on le considère d'ailleurs comme un philosophe. De la médecine naissante, Socrate importe plusieurs principes décisifs. La médecine hippocratique marque une rupture avec l'approche archaïque de la maladie et les pratiques magiques de guérison. Elle repose sur l'observation des symptômes qu'elle détaille, analyse, regroupe et évalue.

On trouve dans les dialogues de Platon des correspondances indéniables avec la médecine rationaliste de l'école hippocratique. Celle-ci concevait la santé comme un équilibre entre quatre éléments, le chaud et le froid, le sec et l'humide. Tout en déplaçant l'objectif d'équilibre ou d'harmonie sur des problématiques liées à la santé de l'âme ou de la cité, Platon s'appuie sur un principe d'équilibre, essentiel pour la médecine naissante.

Autre rapprochement : la participation du malade au processus d'identification de la pathologie, puis de la guérison elle-même. Comme la médecine, la philosophie de Socrate repose sur l'échange et le dialogue. Et comment ne pas mettre en regard les deux formules les plus célèbres de l'hippocratisme « soigne-toi toi, toi-même » et du socratisme « connais-toi, toi-même » ? Sur deux points essentiels – recours au dialogue et action du sujet sur lui-même –, médecine du corps et médecine de l'âme affichent une étonnante correspondance.

Socrate fait souvent référence à la médecine et aux médecins. Pour lui, la technique médicale présente trois intérêts. Elle cherche à dégager des invariants à travers une multitude de cas, elle est au service des hommes et désintéressée – « le médecin n'est pas un homme d'affaires », « la médecine ne regarde pas l'intérêt de la médecine mais celui du corps » –, elle est orientée vers un bien, un mieux : le rétablissement de la santé. Raisonnée, sociale, éthique : sur ces trois points essentiels, la médecine apparaît comme la jumelle de la philosophie.

Médecine et philosophie sont beaucoup plus apparentées qu'elles ne le sont aujourd'hui, où la première apparaît de façon croissante comme inféodée à la technologie. Sans doute faut-il voir dans cette proximité originelle l'effet d'un paradigme culturel. *Pathos*, d'où nous avons tiré le terme de pathologie, désigne ce qui affecte l'homme et plus précisément de façon négative ; ce peut être une douleur, une maladie, mais aussi un sentiment pénible – tristesse, colère, haine – ou encore un trouble causé par les circonstances extérieures. C'est un terme global, intégrant plusieurs lignes de signification.

Mais si les deux disciplines convergent, elles n'en sont pas moins différentes et surtout inégales. Prendre soin de son corps, traiter les maladies seraient impossibles si la vie ne s'examinait pas : « Le corps ne peut être guéri qu'avec l'âme. » En outre, le corps est incapable de fonder une éthique. Seule l'âme possède ce pouvoir : « Ce n'est pas le corps, si bien constitué soit-il, qui rend l'âme bonne ; au contraire, c'est l'âme qui donne au corps, par la vertu qui lui est propre, toute la perfection dont il est capable. » Et c'est le domaine de l'âme individuelle, le rôle de celle-ci dans la cité, sa présence dans le monde que Socrate propose d'explorer et de valoriser.

La thérapie de Socrate doit pourtant se distinguer de ce que nous nommons psychothérapie. Les maladies mentales n'étaient pas inconnues des médecins grecs. Hippocrate distinguait déjà parmi elles l'épilepsie, la manie et la mélancolie. Socrate n'ignorait sans doute pas cette classification. Mais le soin de soi qu'il préconise, bien qu'il inclue des aspects psychologiques, ne porte pas sur des névroses, des psychoses ou des perversions. La médecine socratique ne s'attache pas aux souffrances individuelles telles que nous les entendons aujourd'hui. Prendre soin de soi, au sens socratique, ce n'est pas plus modifier son comportement pour entrer dans un moule social, s'adapter à une norme. Tout à l'opposé, il s'agit de rompre avec le conformisme et les préjugés pour penser par soi-même.

La caractéristique principale du soin de soi, c'est qu'il se concentre sur l'être des hommes. « Celui qui prend soin de son corps, prend soin de ce qui est à lui mais pas de lui-même. » Le soin socratique porte sur ce que l'homme est et non sur ce qu'il a. Par extension, prendre soin de soi, ce n'est pas non plus gérer ses affaires ni faire fructifier sa fortune. Les biens matériels, la propriété, au même titre que le corps, ne sont ni l'objet ni le but du traitement du traitement. Prendre soin de soi, c'est écarter de la même façon les soucis d'image et de réputation, si prégnants dans la société grecque. C'est se garder d'une vie qui serait entièrement vouée à la connaissance. Socrate n'est pas un savant et avoue ne rien connaître aux lois de la nature. Le soin de soi privilégie l'être au détriment de l'avoir, du paraître et du savoir.

Ce que l'homme est, ce qui le définit et le différencie, c'est son âme. C'est donc sur elle que se centre et se concentre le soin de soi. Dans les chapitres suivants nous approfondirons la conception de l'âme de Socrate et Platon. Nous pouvons nous contenter en première approche de la saisir comme conscience. Le propre de l'homme, c'est d'avoir conscience d'être. Son être se caractérise par la conscience. La conscience et l'être sont liés par une circularité constitutive.

La vie humaine n'est pas un flux aveugle, c'est une « vie qui s'examine ». Elle est toujours en relation avec elle-même. Son être est précisément de s'éprouver, de réfléchir, de ne jamais cesser, fût-ce sous un mode subliminal, d'être en contact avec elle-même. Être et être conscient sont une seule et même expérience, une unique réalité. Et cette réflexivité ne joue pas seulement comme simple conscience d'exister. Elle intervient dans l'action, la conduite, le mode de vie. L'homme s'interroge sur la route à prendre, il délibère dans son for intérieur, il évalue les conséquences et la finalité de ses actes.

L'homme n'est pas totalement conscience de soi. Il a un corps, des pulsions et des passions, des désirs et des plaisirs qui, pour Socrate, le détournent en permanence de la partie rationnelle de son âme qui opère la relation transparente à soi. C'est en raisonnant d'abord en soi, puis avec les autres, que la pensée saisit son essence. C'est sur cette lumière au fond de l'âme que Socrate se focalise et qu'il incite à protéger et à faire croître. « Une vie qui ne s'examine pas, explique-t-il à ses juges, n'est pas une vie humaine. »

La vie humaine n'est pas seulement une vie naturelle ou biologique, une vie qui se reçoit, s'entretient, se transmet, et s'achève dans un mouvement purement passif et rectiligne. C'est une vie dotée d'un pouvoir, étonnant et unique, de retour à soi, de réflexivité et de réflexion. Vie vécue, mais vie consciente de vivre et toujours capable de se reprendre dans un feed-back qui lui permet de s'orienter, de transformer son milieu et de se transformer elle-même. C'est aussi une vie libre et responsable, apte à se donner sa propre loi.

Le soin de soi commence donc par l'attention que l'individu vivant et pensant porte à lui-même, à son âme – Socrate n'a pas d'autre mot – et, plus particulièrement, à la part rationnelle de l'âme qui, par son exclusivité, par l'exception qu'elle introduit dans le monde, porte la marque de quelque chose de divin. C'est cette énigme et cette lueur que Socrate décroche du fronton de l'oracle de Delphes où le visiteur pouvait lire et assimiler la célèbre formule « Connais-toi toi-même et tu connaîtras la nature et les dieux. »

Pour autant la nature de l'âme n'est pas seulement intellectuelle. L'âme en réalité agence trois instances, trois fonctions très différentes. Elle articule une âme rationnelle, faculté de s'examiner, de réfléchir qui cherche le vrai pour accomplir le bien, âme parlante aussi ; une âme agissante siège des sentiments porteurs d'énergie – colère, courage, par exemple – qui incite à réagir et à entreprendre ; une âme désirante, guidée par l'envie de satisfaire les besoins élémentaires et de combler ses manques.

Socrate n'est pas un contempteur du corps. Pas de puritanisme chez les philosophes grecs. Socrate a une épouse et des enfants ; il a même deux foyers, quand, pour repeupler Athènes saignée par les guerres, la bigamie est un temps autorisée. Il a des amants. Il est sobre, mais tient l'alcool à l'occasion. Le désir et le plaisir sont des thèmes souvent abordés dans les dialogues. L'âme rationnelle elle-même est animée par un désir, le désir de savoir.

Le soin de soi ne consiste pas à exclure une de ces tendances constitutives au profit d'un autre ou des autres mais de les rendre compatibles, de les harmoniser. Prendre soin de soi, c'est aussi bien prendre soin de ses désirs et de sa conduite que de sa pensée. Si l'âme intellectuelle conserve une primauté, c'est parce qu'elle est pouvoir de s'examiner et donc d'orienter sans contraindre les autres fonctions de l'âme.

Quelles « maladies » la philosophie de Socrate prétend-elle soigner ? Selon le modèle hippocratique transféré sur le plan de l'âme, Socrate conçoit la maladie dans un sens privatif, comme un dérèglement, une *dé-raison*. Ce dysfonctionnement peut affecter une des parties de l'âme produisant un désir excessif ou pervers, une colère démesurée ou encore une érudition inutile. Il peut aussi rompre l'équilibre que les parties doivent conserver entre elles au sein de leur unité. Si la raison prévaut, c'est aussi parce qu'un homme libre ne peut se laisser imposer sa loi par ses propres désirs, pas plus que se soumettre aux désirs des autres.

Ce sont là précisément des cas où l'on voit se dérégler le bon fonctionnement de l'âme, qui lui font perdre le contrôle de sa cellule centrale, la raison. Le traitement socratique combat tout ce qui fait déraisonner l'homme, tout ce qui détraque l'équilibre qui doit demeurer entre les désirs, la volonté et la raison. Mais aussi tout ce qui fait dysfonctionner la cité : l'injustice, le populisme, l'intérêt individuel. Et encore tout ce qui pousse l'homme à franchir les limites de sa condition, soit par régression dans l'animalité soit par l'ambition démesurée qui le pousse à se prendre pour un dieu.

Socrate cible plus particulièrement trois dérèglements, trois pathologies spécifiques. La peur, l'emprise et l'ignorance. La peur affecte l'âme agissante, elle la paralyse dans ses mouvements. La peur suprême est ainsi la peur de la mort, produit synthétique de l'énigmatique conscience que nous avons de notre finitude, mais aussi des fables répandues sur celle-ci par les récits mythologiques. L'emprise, c'est celle à laquelle le citoyen peut succomber en écoutant les fausses promesses des démagogues. L'ignorance, c'est celle à laquelle nous nous abandonnons par paresse, oubli ou intérêt. Dans cette ignorance Socrate va pointer la pire, selon lui : l'ignorance qui s'ignore. Ignorance au carré qui frappe au cœur de l'âme rationnelle, qui connaît et s'examine.

Comment Socrate propose-t-il de traiter ces affections ? L'âme rationnelle est l'âme du *logos* – terme associant raison et langage –, la thérapie socratique sera donc une thérapie du discours par le discours. Elle s'attaque aux discours qui gangrènent l'usage individuel et collectif du *logos*. La pensée pour Socrate est « un entretien de l'âme avec elle-même ». La philosophie incitera l'homme à organiser son discours intérieur, à réunifier raison, pulsions et énergie. Cet examen personnel devra dissiper en premier lieu l'ignorance qui s'ignore, la parole pour ne rien dire.

D'où ce travail sur les mots utilisés, la recherche de définition – qu'est-ce que le courage ? Le désir ? La science ? – préalable à tout échange fécond. De quoi parle-t-on ? C'est la première question que pose Socrate. Plusieurs autres la suivent : qui parle ? Quelles sont ses véritables intentions ? Quelle finalité poursuit-il ? Le traitement socratique est indissociable d'une critique du discours tout autant que de son émetteur.

C'est pourquoi le traitement socratique s'applique également aux manœuvres de séduction et de persuasion, à l'exploitation de nos craintes, la manipulation de nos attentes. Il déconstruit, les représentations idéologiques, les mythes qui irriguent la pensée commune grecque. Autre aspect saillant : ce traitement vise à exploiter « la recherche mutuelle » par la voie du dialogue, forme exclusive de la philosophie de Socrate qui n'écrivait pas et ne donnait aucun enseignement oral. Socrate ne cherche pas à imposer une quelconque vision, à dominer son interlocuteur, mais à l'accoucher d'une vérité qu'il possède et dont il (s') est détourné. La philosophie est, dès son origine, une thérapie de la communication.

Le soin de soi auquel Socrate invite englobe et entretisse l'individu, doté d'une pensée et d'une vie intérieure, l'homme libre membre actif d'une cité et l'être humain inscrit dans un tout vivant, un cosmos. Ce « soin » est donc très différent de ce que nous appelons médecine du corps ou psychothérapie.

Une thérapie au sens où nous l'entendons désigne, de façon simplifiée, un traitement opérant le passage d'un état morbide à un état sain. Il y a un mal à réduire, une transformation à opérer l'aide de produits ou de techniques dans l'optique d'une amélioration. Dans le cas de la psychothérapie, il s'agit également de prendre en charge une souffrance, par le biais d'un échange verbal propice à son expression, et de modifier ainsi la façon de gérer sa vie.

La philosophie de Socrate, tout en étant très différente dans ses moyens, relève de la même dynamique, mais elle apparaît comme une technique globale, intégrée. Le verbe grec *therapeuein*, avec lequel nous avons forgé celui de thérapie, présente une grande richesse sémantique. Il signifie, bien entendu, traiter, soigner, au sens médical du terme, mais aussi entourer de soin, être attentif, s'occuper de et, par extension, exprimer sa sollicitude envers autrui, se mettre à son service. Dans un troisième sens, le verbe veut dire rendre un culte.

La médecine socratique s'emploie sur les trois registres. C'est d'abord une psychologie, un discours et une pratique visant l'âme individuelle pour l'éclairer sur ses passions négatives et ses illusions, la focaliser sur ses ressources, l'orienter dans la pratique. Elle s'apparente également à une sociologie politique qui dénonce tous les obstacles au bon fonctionnement de la cité (la tyrannie, la démagogie, la dictature de l'opinion, l'absence de projet commun). Ces deux problématiques se relient à une troisième, métaphysique ou spirituelle, qui cherche à déterminer la place de l'homme dans le cosmos et à donner un sens à son existence. L'individu, le citoyen et l'homme sont comme trois fils tissant une seule et même trame ontologique.

Socrate tire sa maxime majeure, le « connais-toi toi-même » de l'oracle de Delphes, mais il interprète la formule sacrée pour l'inscrire dans le monde des hommes, dans l'espace où ils vivent et pensent, où ils agissent et se conduisent, l'espace éthique. Prendre soin de soi, c'est s'attribuer une valeur. C'est se reconnaître une part de divin, minime mais significative. Ce culte que l'homme se doit, cette finalité, se lie étroitement aux deux autres – s'occuper de soi, s'occuper de la cité –- et les tire vers le haut, tout en les laïcisant – pour employer notre vocabulaire. Mais situer l'homme entre l'homme et les autres vivants, ce n'est pas pour autant le sacraliser.

La vie qui s'examine, dont l'opérateur est l'âme humaine, se distingue de celle des animaux comme elle diffère de la divinité. Mais elle ne s'oppose pas à elles. Elle est le maillon qui les relie, l'ensemble sécant où l'instinct et l'esprit pur se recoupent. Tel est l'homme socratique : un intermédiaire entre le monde des pulsions animales et l'Olympe des dieux omnipotents et omniscients. Car les dieux sont seuls dépositaires du savoir absolu et de la droite raison. Mais les hommes ont encore une part de leurs privilèges. S'ils n'ont pas la lumière, ils possèdent une bougie qu'ils peuvent toujours allumer pour eux-mêmes. Et c'est de cette lueur qu'il faut s'occuper, c'est elle qu'il faut amplifier.

La critique socratique cible trois types de discours : le discours poétique, celui des sophistes et celui des démagogues. Par poétique il faut entendre ici le discours des tragédies pour lesquelles les Athéniens affichaient un engouement puissant. Les tragédies mettent en scène les passions humaines, elles les exaltent et ce faisant les valorisent. Socrate ne semble percevoir là que la fonction mimétique d'un spectacle destiné à jouer sur les émotions. Il néglige sa fonction cathartique, c'est-à-dire salutaire. La poésie tragique impressionne, elle ne libère pas.

Le deuxième type de discours que Socrate charge sans relâche est celui des sophistes. Dans la cité grecque, la vie politique est publique. Celui qui parle bien peut influencer les autres, il peut accéder plus facilement à de hautes fonctions. Spécialistes de l'éloquence et de la fabrication de discours, les sophistes jouent donc un rôle décisif. Se faisant payer au prix fort, ils enseignent l'art de discourir sur tous les sujets, faisant prévaloir la forme sur le fond, l'impact sur la vérité. Ils peuvent tout ignorer du thème dont ils parlent. L'essentiel, c'est le caractère performatif du discours, l'effet qu'il va produire sur le public. Il n'est donc pas étonnant que Socrate repère également la volonté de puissance et d'emprise à l'œuvre dans la rhétorique des sophistes.

Le troisième type de discours est celui du démagogue. Au moment du procès de Socrate, la démocratie est revenue à Athènes. Mais l'expérience de la tyrannie – nous dirions de la dictature – a ébranlé les esprits, semé le doute dans la cité des hommes libres. Les fractures sociales deviennent manifestes. Les intérêts de classe s'aiguisent. Socrate compare la foule à un « gros animal » dont les démagogues flattent les demandes et les attentes pour mieux asseoir leur gouvernance. Le « gros animal » finit par dévorer le philosophe. On ne s'étonnera pas que les hommes qui déposent la plainte conduisant à son procès, les trois accusateurs, soient un poète sans éclat, un obscur sophiste et un leader du parti populiste.

La thérapie socratique a longtemps fait école. Les deux grands courants éthiques de l'Antiquité, l'épicurisme et le stoïcisme, ont apporté leurs variations spécifiques sur le thème du soin philosophique. « Il est vide le discours du philosophe qui ne soigne aucune affection humaine », estime Épicure. Trouvant dans la misère et l'impuissance humaine la source de la philosophie, le stoïcien Épictète comparait à un dispensaire le petit atelier où il donnait ses leçons.

L'Épicurisme antique a proposé un quadruple remède pour atteindre la vie bonne : penser que le bonheur est possible dans ce monde, penser que la douleur est supportable, ne pas craindre les dieux, ne pas craindre la mort. Le stoïcisme s'est attaché à traiter les souffrances et les illusions à l'aide d'une raison considérée comme souveraine. Avec lui, la philosophie a également pris une tonalité consolatoire, cherchant à apporter des éléments de réassurance dans les épreuves de vie : deuil, maladie, exil, revers de fortune.

La pratique de la thérapie philosophique s'est poursuivie au fil des siècles en Occident, chaque période lui apportant des nuances spécifiques. Au ve siècle de notre ère, le patricien Boèce, injustement condamné à mort, y a recours pour trouver réconfort et apaisement entre deux séances de torture et son exécution. Il raconte cette expérience-limite dans une bouleversante consolation. Dante, anéanti par le décès de Béatrice et plongé dans une profonde dépression, se tourne vers elle avant d'écrire *La Divine Comédie.*

Par les pratiques et méthodes qu'elle met en jeu – retour à soi, analyse des représentations, mobilisation du langage, notamment – on peut voir dans la psychanalyse une discipline parente, même si son domaine d'exploration est plus vaste que celui de la seule vie consciente. Freud déborde Socrate et sa confiance inaltérable dans la raison. Mais la cure psychanalytique cherche finalement à rendre à l'être parlant les moyens de connaître ses fantasmes et de les réguler pour mieux vivre sa vie.

Dans la filiation du combat socratique contre le panurgisme de l'opinion commune, Nietzsche appelle de ses vœux un « philosophe médecin », critique de la culture de son temps. Au siècle dernier, Wittgenstein voit l'intérêt de la philosophie dans le traitement qu'elle peut apporter au sujet dans sa relation au langage. Wittgenstein considère ainsi que la tâche de la philosophie est de « montrer à la mouche comment sortir du piège à mouches ». Ce piège, il le définit comme « un ensorcellement de notre entendement par les ressources de notre langage ».

Dans ses dernières recherches, Michel Foucault s'est focalisé sur « le souci de soi » constitutif selon lui de la subjectivité occidentale. Il a tenté de dégager la voie d'une nouvelle « pratique de soi », conjuguant dans le sujet relation à la vérité, engagement politique et esthétique de l'existence.

La plus récente, et non la moindre, des résurgences est l'œuvre de Bernard Stiegler qui analyse la technique d'aujourd'hui comme un *pharmakon*, terme ambivalent utilisé par Socrate, qui signifie à la fois remède et poison. Un des derniers ouvrages de Stiegler s'intitule *Qu'appelle-t-on panser ?* Et développe la thèse selon laquelle la pensée est devenue impuissante parce qu'elle a rompu avec sa vocation thérapeutique originelle.

Dans les chapitres suivants, nous entrerons dans le détail de la thérapie de Socrate en analysant ses indications principales à partir des formules célèbres que nous connaissons et citons encore aujourd'hui, fragments sauvegardés qui nous inspirent encore et relancent notre questionnement. À ce stade, nous pouvons déjà la mettre en correspondance avec notre actualité.

***

À l'image de Socrate cherchant le sens de sa vie dans une Athènes en déliquescence, nous avons la conscience aiguë de notre crépuscule. Nous aussi nous avons le sentiment que quelque chose ne va plus dans notre esprit et dans notre monde. Le temps des catastrophes réelles que nous subissons, ou de celles, possibles, que nous concevons, transforme la planète en une immense clinique. L'humanité y devient simultanément un sujet en crise et une extrême confusion mentale, sans qu'on sache si ce qui est en elle relève de la cause ou de l'effet, règne dans nos esprits.

La question socratique résonne alors d'un éclat d'urgence et de nécessité. Prenons-nous soin de nous ? Notre culture dominante, mix d'utilitarisme, d'hédonisme et d'individualisme, laisse peu de place à une vie qui s'examine. Les crises à répétition et les catastrophes en chaîne ne nous révèlent-elles pas, au contraire, combien nous participons désormais d'une humanité de la négligence, du mépris et du désespoir ?

Négligence, en premier lieu. Négligence de la vie. Dans notre grille économiste, la vie perd la dignité d'une fin, elle n'est même plus un moyen. C'est un facteur négatif, un frein, un poste de coût. Les catastrophes qui nous accablent – qu'elles soient naturelles, environnementales, sanitaires ou économiques et sans oublier les conflits – sont de ce point de vue éclairantes. La plupart d'entre elles résultent de notre comportement collectif. Mais ce ne sont pas les précautions à prendre, les procédures à appliquer, les risques à mesurer que nous négligeons. C'est notre vie elle-même, notre vie de vivants et jusqu'à notre substrat biologique. Que la vie soit sortie de notre horizon, jusqu'à nos rêves en témoignent. Une émigration sur Mars paraît plus excitante qu'un assainissement de la Terre. Le salut des hommes ne passerait plus par le recul de la malnutrition ou de la mortalité infantile, mais par la résurrection de leurs corps cryogénisés.

Nous ne pensons plus à notre vie, comment pourrions-nous encore la penser ? Bien évidemment notre vie n'est pas exclusivement une vie pensée. Il serait absurde de réfléchir en permanence au moindre de nos gestes, à la plus ténue de nos idées, au plus infime de nos plaisirs. Notre esprit a besoin de pauses et d'oublis. Une conscience hyperprésente, réduite à une chaîne de fixations ou d'obsessions, serait un cauchemar paralysant.

Pour autant, la vie ne se réduit pas à un élan aveugle, absent de soi et livré à des tourbillons aléatoires. Elle est consciente d'elle-même, capable de se représenter, de s'évaluer, de se raconter et de se donner un sens. L'outil dont elle dispose, la raison, n'est pas bon en lui-même. Les pires aberrations sont conduites en son nom et sous son régime. Et la démence obéit encore à une logique secrète. Mais ces dérives et ces écarts, c'est encore la raison qui les perçoit et les dénonce. C'est toujours « la vie qui s'examine » qui surmonte les événements les plus noirs pour changer de direction.

En renversant nos certitudes et nos habitudes, les situations limites que nous traversons nous rappellent ce qui fait l'essentiel d'une vie humaine et dont notre mode d'existence, et plus encore la célébration idéologique qu'il sécrète, nous détourne. Notre liberté, notre être social, la relation que nous entretenons avec nous-mêmes, les fondements de notre condition sont ébranlés.

Nous avons désormais une conception molle et faible de la liberté. Nous la réduisons à l'absence de frein à nos désirs. Nous nous contentons d'une liberté capricieuse, assemblage puéril d'envies. Nous nous estimons libres quand rien ne s'oppose à la danse de nos besoins. Quand l'épreuve est là, quand elle dresse son mur d'obstacles, nous éprouvons un sentiment terrible de faiblesse et d'impuissance. Mais nous percevons clairement les limites de notre liberté et les menaces qui l'entourent. Nous ne sommes plus l'individu autonome que nous prétendions être. Notre liberté dépend de configurations sanitaires, technologiques et géopolitiques aussi puissantes que nébuleuses. Dans la vie quotidienne, absorbés par nos tâches, nous négligeons les enjeux cruciaux dont dépend notre liberté.

De la même façon, sanglés dans nos convictions individualistes, nous négligeons notre être social. Certes, une société démocratique repose sur un individu, elle le fonde, l'exige, attend de lui l'expression maximale de son talent singulier, de sa créativité personnelle. Mais nous n'en sommes plus là, l'individualisme flotte aujourd'hui au-dessus du collectif, coupé de sa base et de sa finalité originelles. Chacun se laisse aspirer par ce tourbillon d'ego.

Dans une situation de crise personnelle, c'est auprès des autres que nous cherchons réconfort ou assistance. Et il faut avoir une indifférence de minéral pour refuser son aide ou son écoute à quelqu'un qui souffre. La douleur physique ou psychique nous relie à une espèce humaine capable de mobiliser une large gamme de motivations altruistes allant de l'empathie à la solidarité en passant par la sympathie et la coopération. Une crise, c'est aussi un événement qui arrive à une communauté. La crise déchire, certes, mais elle recoud l'unité rompue des sociétés.

Une collectivité ne se cimente pas seulement dans le partage des émotions dont s'enchantent les médias, mais au plus haut point dans l'illustration des valeurs d'entraide et de coopération. À l'homme prédateur s'oppose l'homme donateur, capable d'une abnégation totale. Les hommes signent autant de sacrifices exemplaires que de massacres sans pitié. Des Spartiates de la bataille des Thermopyles aux « liquidateurs » de Tchernobyl, on n'en finirait plus d'énumérer les épisodes de l'histoire où le don de soi domine jusqu'au respect de sa vie que chacun se doit. Ces situations dramatiques édifient la conscience que les hommes ont d'eux-mêmes. Elles ne suffisent pas à conjurer les dérives, mais elles les compensent dans l'évaluation globale.

La vie de tous les jours, calibrée par les impératifs économiques, défait également la relation à soi. Une vie totalement immergée dans l'introspection serait une vie malade ou pervertie. Vivre, ce n'est pas s'enfouir. La conscience elle-même est ouverture à soi, aux autres et au monde. Elle « s'éclate vers », pour le dire avec Sartre. L'altérité et l'extériorité sont ses modes d'être. Mais rien d'humain ne s'accomplit jamais sans un accompagnement de soi par soi. Les expériences les plus aveugles, les plus oublieuses nous reconduisent à notre point de départ, nous ramènent à la source un moment perdue : la conscience que nous avons de nous-mêmes.

Non seulement, nous refusons de penser notre vie, mais nous renâclons désormais à simplement penser. Notre conception d'un bonheur fondé sur la possession de choses et de biens, sur le confort que ceux-ci nous apportent, nous détourne de ce qui constitue en réalité ce bonheur même. Nous négligeons cette vie qui s'examine au profit d'une vie expéditive, superficielle, qui ne se pose pas de questions. Paradoxalement, la recherche exclusivement matérialiste du bien-être nous conduit à nous repousser.

Notre bonheur résiderait dans une jouissance immédiate trouvée sans effort. L'activité de penser se trouve alors disqualifiée au motif qu'elle nécessite une tension, un travail sans finalité tangible et à court terme. Il faudrait que tout fonctionne comme dans la rhétorique de la fiction publicitaire : un problème/une solution, un besoin/un produit. Les plaisirs du corps, néanmoins, ne se heurtent-ils pas eux-mêmes à d'innombrables résistances, qui, loin de désamorcer nos désirs, les intensifient ?

Nous voici conditionnés pour devenir des ascètes de la pensée, des prolétaires de l'esprit critique, des miséreux de la lucidité. Au tableau boursier de la bonne vie, la conscience est devenue une valeur en chute libre. L'obscurantisme, les addictions, les états modifiés de conscience : tout serait préférable aux lumières de l'esprit. L'abêtissement et l'abrutissement prévalent désormais dans un écosystème humain voué à la désublimation régressive. Notre dépendance quotidienne à un univers numérique structuré par une rationalité réductrice mais contraignante renforce le glissement général dans l'inconnaissance.

N'est-ce pas cependant l'inquiétude qui fait notre humanité ? La certitude de la mort à venir est la source de notre pensée. Quand ? Comment ? Et après ? Le savoir énigmatique de notre finitude et le questionnement sans fin qu'il déclenche se trouvent à l'origine du travail de la pensée. Il n'est pas jusqu'à notre goût pour le divertissement, notre passion pour l'oubli qui ne trouvent en eux leur justification et leur stimulation. C'est dans cette pensée sans repos que nous trouvons nos ressources pour vivre, pour vivre sans délai et plus intensément.

Vivre n'est pas réductible à penser, mais vivre en humain, c'est penser sa vie. C'est la leçon de toutes les épreuves que la vie nous impose. Quand l'obstacle se dresse, dans un premier temps nous ne savons que penser et que faire. Nous subissons, livrés à nos affects, nous souffrons. Nous sommes tentés d'aller trouver des éléments de réponses auprès des autres. Et puis nous cherchons à analyser ce qui nous arrive, nous faisons un retour sur nous-mêmes. Si l'épreuve apporte un enseignement, c'est par son pouvoir de nous ouvrir à une réflexion véritable, authentique, menée par soi-même et pour soi-même.

Négligence mais aussi mépris de nous-mêmes. À force de nous définir et d'organiser nos actions en fonction d'un marché et d'un système consumériste en surchauffe, nous nous sommes rabattus sur les marchandises, les produits, jusqu'à ne plus laisser de place pour une quelconque identité humaine. Il suffit de regarder nos adolescents : les vêtements, les objets nous transforment en représentants de marques omniprésentes et uniformisantes. Rien pourtant ne prouve que cette dégradation matérialiste relève d'une constante de notre condition. Au contraire, tout ce que l'homme a fait de grand et de positif dans son histoire, et plus simplement ce que son évolution l'a conduit à faire, ne s'est accompli que dans un arrachement du monde des choses et aux déterminations du milieu. Dans leur commerce, les hommes ont toujours dominé les biens échangés. L'échange était un vecteur de maîtrise, c'est désormais lui qui nous gouverne. Il était l'occasion d'une pratique symbolique, il est devenu un enterrement dans la glaise mercantile.

Pire encore, nos relations sociales se calquent sur celles des produits. Et quand prévaut le paradigme d'une compétition poussée à l'extrême, d'un *benchmarking* des ego, se développe fatalement une culture du dénigrement, c'est alors l'ensemble du corps social qui se tire vers le bas. Tout ce que l'autre dit et fait doit être dévalorisé, alors même qu'on désire ce qu'il a ou ce qu'il est. Comme dans la publicité comparative des produits ou la communication politique, ce qui compte n'est pas tant l'affirmation de soi que la négation de l'autre, la seconde semblant une condition de la première. Au bout du compte, dans cet affrontement sans pitié, c'est la collectivité tout entière qui s'enlise dans la déconsidération.

Notre identité se jouerait dans une jungle, un univers de prédation et de compétition acharnée. Un discours dominant aussi artificiel que malsain dans son dogmatisme répand et stimule une vision brute et brutale de l'humain. L'individu est rabattu, non seulement sur les conditions matérielles de son existence, mais sur un combat permanent avec les autres. Et ce combat est valorisé quand il n'est pas glorifié.

Dans le marché-monde, c'est également notre savoir qui nous rabaisse. La technoscience elle aussi nous transforme en choses. La connaissance de la vie biologique est devenue si complexe aujourd'hui, elle réclame une telle mobilisation de l'esprit pour en saisir quelques rudiments, que nous sommes contraints de la déléguer à des spécialistes. Notre vie se dissout dans des nano-phénomènes. Ce que nous avons de plus précieux ne nous appartient plus. Jamais cette dépossession par la technoscience ne nous est apparue aussi clairement.

La vie qui s'examine se nécrose au profit d'un organicisme inquiétant. Nous n'avons plus une âme – siège de la pensée, de l'affectivité et moteur de l'action –, mais un cerveau. Les gourous de la Silicon Valley s'enchantent des pouvoirs du néocortex, prophétisent la connexion directe de tout le savoir du monde à nos esprits, mais la diffusion de leur technologie ne réduit en rien l'obscurantisme généralisé, quand elle ne contribue pas à l'accroître au travers de ses mythes commerciaux.

Dans l'analyse de la crise des sciences européennes, à laquelle il s'est livré il y a quasiment un siècle, Husserl déjà repérait une ligne de fracture entre les sciences modernes et les hommes. La vérité scientifique, objective, est exclusivement une constatation de faits. « La simple science des corps manifestement n'a rien à nous dire, puisqu'elle fait abstraction de tout ce qui est subjectif. » Un court séjour dans l'univers médical suffit à chacun pour donner à cette remarque le poids d'une expérience déroutante.

Mépris des corps sous l'apparence trompeuse du culte qui lui est rendu. Et mépris simultané de tout ce qui fait l'homme : sa pensée, sa conscience, son aptitude à douter, à critiquer, à dialoguer avec les autres, tous les mouvements de la vie qui s'examine. Mépris contagieux et dangereux qui gagne, dans une avancée irréversible de tache d'huile, les espèces animales et la nature elle-même, ses forêts, ses glaces, ses fleuves, son climat, son atmosphère… En nous plaquant sur l'espace des marchandises, en nous formatant sur lui, nous écrasons toute la structure du monde et nous ne pouvons plus y trouver notre place.

Négligence, mépris, mais aussi désespoir. Nous plaçons le plaisir au sommet de l'édifice de nos valeurs, et cependant nous ne sommes pas heureux. Non pas que nous ayons renoncé au bonheur. Au contraire, c'est sa poursuite sans fin qui nous déboussole. Nos plaisirs nous détournent un moment de la peine de vivre. Et dans la bulle hédoniste où nous croyons nous abriter, nous avons peur en vérité et nous perdons l'habitude et l'envie de nous renforcer à travers les épreuves. La vie bonne pourtant n'est pas béatitude passive, ni jouissance primaire, c'est une conquête sans fin.

Notre culture médiatique valorise l'affectivité et les émotions. Nos passions font nos destins individuels. Certes, nous ne sommes pas seulement des êtres rationnels. C'est à peine si nous sommes raisonnables. Nous nous méfions d'une vie de sagesse, nous connaissons ses leurres ; elle éloigne du monde humain ; elle apporte une sérénité illusoire. Mais vivre sans raison, c'est vivre une vie d'enfant, dépendant et manipulable. L'infantilisation dans laquelle nous demeurons nous dépossède de notre liberté. Elle est un des outils des pouvoirs totalitaires. C'est ce que nous enseigne l'histoire du XXe siècle.

L'opinion publique, dont Socrate percevait les dérives de l'Athènes finissante, parce qu'elle fait partie de notre milieu est devenue un enjeu politique. Née dans la démocratie moderne et l'économie de marché, l'opinion publique a ses vertus indéniables. Elle fait émerger des tendances nouvelles, elle joue le rôle de contre-pouvoir permanent. Dans notre système, elle s'est quantifiée pour devenir un principe. Une idée est bonne et vraie quand elle obtient la majorité.

Telle est la règle démocratique. Ceci signifie que la vie collective n'est pas une question de vérité absolue mais d'auto-détermination.

Mais la démocratie contemporaine a dépassé ce stade, elle est devenue affaire d'experts et de technocrates. L'opinion publique est un enjeu : elle se prépare, se fabrique, se manipule. Les pouvoirs des médias et des réseaux sociaux sont tels que nous voici plongés dans une cacophonie où il devient difficile de distinguer ce qui relève du plausible ou du complot délibéré. Et, chaque jour un peu plus, nous nous intoxiquons avec les drogues de la doxa. Analyser les situations, comprendre les jeux d'influence relèvent du défi intellectuel. L'affirmation de l'opinion personnelle prévaut sur l'information qu'elle apporte. Et ce désordre, ce vacarme nous accablent. Nous nous égarons dans le labyrinthe des subjectivités tonitruantes.

Dans ce monde où les religions sont des motifs d'affrontements, où l'économie s'est transformée en un système élitiste d'enrichissement et où la techno-science déploie sa logique aveugle, nous sommes livrés aux passions tristes, car toutes nos finalités, y compris celles qui nous permettent de nous garantir de nous-mêmes – la foi, l'échange, la recherche –, sont perverties.

Nous voulons vivre dans la sécurité et le divertissement, mais ces idéaux de bien-être ne constituent qu'un rempart artificiel. Ils nous enferment dans la peur ou bien ne nous apportent que des distractions décevantes. Ils nous frustrent dans notre aspiration à la transcendance qui est la marque de l'être humain. En conséquence, nous restons insatisfaits et nous glissons dans le nihilisme et le cynisme, deux postures qui trahissent notre capitulation. Nous ne nous faisons plus confiance. Tout se passe comme si nous n'avions pas d'autre horizon que celui d'une terreur et d'une lamentation sans fin.

Elles s'accompagnent d'une infantile envie de fuir notre condition. Post-humanisme, transhumanisme, transgénisme, loin d'exprimer une volonté de transcendance, manifestent comme une impatience d'en finir avec nous-mêmes. C'est à cette transcendance que Socrate a tenté d'initier ses contemporains. Il existe dans l'homme une lumière et une force, celles que la vie qui s'examine lui révèle. Il les trouve sans effort, simplement en orientant son regard vers ce qu'il est et non vers ce qu'il a ou ce qu'il souhaite avoir. Et dans ce qu'il est, il trouve encore les moyens d'analyser ses illusions et ses erreurs, d'affronter ses peurs et son angoisse. Les ressources pour nouer dans un dialogue ouvert et sincère des relations constructives et lucides. Une vigueur, opposée à la puissance et à la violence, pour jeter les bases d'un bien commun indispensable à la communauté. Des éléments pour se situer dans le cosmos, pour y prendre toute sa place mi-animale, mi-divine.

Psychothérapies, développement personnel, méditation, spiritualité : nous disposons aujourd'hui d'une large gamme de pratiques, si nous voulons prendre soin de nous, porter attention à notre âme, nous arrêter dans le flux tendu de l'existence. Preuve de l'étendue de nos maux et de la faiblesse à laquelle ils nous exposent, une nébuleuse de services plus occultes nous est aussi proposée, sans parler des réponses pharmaceutiques.

Le soin socratique se distingue de ceux qu'on peut considérer comme les plus sérieux et les plus sincères dans leurs intentions. Il invite à un recentrage sur le sujet, il vise à le constituer et, à l'opposé de l'approche spirituelle, il ne vise pas à le dissoudre dans un tout naturel ou cosmique. Il ne cherche pas plus à le « développer », à renforcer son adaptation à une norme comportementale. Au contraire, il secoue le sujet, il l'incite à se remettre en cause dans le caractère exclusif qu'il accorde à ses penchants, dans sa soumission à ses peurs ou à ses fantasmes. S'il reconnaît l'importance du désir

– l'âme elle-même est désir –, la dynamique complexe des pulsions, le soin de soi socratique les déroute, les oriente vers une autre fin.

Il invite également à appliquer ce potentiel critique à l'univers des discours qui fait le milieu humain. Du discours intérieur, mais aussi du courant continu des opinions contradictoires. C'est une thérapie politique, citoyenne, au service des hommes libres. Un traitement mutuel, suivi par les voies de la communication et du dialogue, du questionnement et de la démystification.

Pour autant, Socrate ne parle jamais d'un surhomme à inventer, d'un être bionique et surdoué à fabriquer dans les laboratoires de la philosophie. Il évoque au contraire seulement un « petit homme », un homme en modèle réduit qui habite au fond de notre âme et auquel il faut donner toute sa place, aux côtés du monstre polycéphale de nos désirs et du lion de notre énergie. Un homme toujours à l'état d'enfance qu'il faut protéger et faire grandir.

Mais ne nous accablons pas. La vie philosophique n'est pas une vie supérieure que nous aurions manquée. Si elle était une solution à tous nos maux, pourquoi l'aurions-nous négligée ? La vie des hommes est tissée de paradoxes, nouée de contradictions. Nous aimons la paresse, l'ignorance, la violence, la cupidité. La nuit aussi nous fascine, avec ses vertiges et ses régressions. Nos passions sont irréductibles et il est loin d'être acquis que nous puissions en venir à bout. Cette limite nous garde de l'angélisme et d'un désir de pureté, aussi meurtriers que les défauts qu'ils prétendent combattre.

Notre raison elle-même, dans son sommeil, mais plus encore dans son activité, peut engendrer des monstres. Elle planifie les génocides, rentabilise les méthodes d'extermination. Sa prétention à l'universel a pu couvrir les pires intérêts particuliers. Mais la vie qui s'examine n'en finit jamais avec elle-même, elle s'amplifie dans sa propre critique et son propre jugement. Seule la barbarie s'absout du retour sur soi.

La médecine philosophique ne serait-elle qu'un songe vain ? Poursuivrait-elle une vie idéale, irréalisable, incompatible avec les données aveuglantes de la condition humaine ? Les rêves et les utopies aussi nous sont nécessaires. Mais la philosophie ne se nourrit pas de mirages, elle vise plutôt un idéal de vie qu'une vie idéale.

L'apparition d'une philosophie socratique conçue comme une thérapie, sa perpétuation à travers les temps ne signifie en rien qu'elle se soit réalisée. À la différence de la médecine, elle ne prescrit rien, c'est une activité libre que l'individu assimile pour lui-même. La philosophie ne prétend pas diriger la vie. Seulement l'éclairer, lui redonner une présence à soi, une intensité, une valeur qui se dérobent dans les tâches ordinaires. La divergence éclate aujourd'hui où pullulent les conseils médicaux en ligne qui entendent régir nos façons de manger, respirer, bouger.

L'outil que Socrate nous tend n'est rien d'autre qu'un questionnement sur ce que nous sommes. Les crises que nous traversons nous laissent face à un monde complexe, dont les éléments, s'accorde-t-on à dire, se rattachent dans des connexions multiples. Mais ce que nous distinguons dans leur brouillard, face à leurs périls, c'est l'unité de la vie. L'intrication en chacun de nous de l'unité biologique, de la personne et du sujet politique. Le tissage serré de la vie vivante, de la vie vécue et de la vie sociale. Les situations de crise mettent soudain en lumière ce que nous sommes. L'épreuve est notre professeure, la catastrophe notre gourou. Mais l'élève demeure le seul maître de l'enseignement qu'il reçoit.

Il se peut que cette lumière ne soit qu'un flash. Il est probable que notre condition nous voue à la pénombre, au tâtonnement dans la dualité et la contradiction. Que nous ayons à vivre, si l'on en croit Socrate, comme des prisonniers dans la caverne de nos désirs et de nos illusions. Mais dans cette caverne, où nous devons vivre, où nous voulons vivre, nous disposons du pouvoir de nous questionner sur notre captivité, sur les mirages et les motivations qu'elle engendre.

Nous pouvons encore ne pas succomber à l'abêtissement général. Discerner la menace réelle du discours sécuritaire obsessionnel qui est l'outil des démagogues d'aujourd'hui. Ne pas nous laisser enivrer par la cacophonie entretenue par les nouveaux sophistes, les prédateurs des scènes médiatiques – technoscientifiques, experts en économie ou en communication, avocats d'affaires – ou par les complotistes des réseaux sociaux, champions des mauvaises intentions anonymes quand ce n'est pas de l'exploitation des faiblesses de notre esprit. Nous pouvons nous opposer aux images et aux discours qui tentent de nous enfoncer dans une obscurité plus profonde. À ce moment déjà, chacun prend soin de lui-même.

— Aller plus loin —

La peur, le mépris, les lamentations sont les passions morbides de notre actualité. Cela n'est pas nouveau, mais cela s'intensifie. Dans ce monde incertain et violent, il apparaît urgent de renforcer la vie qui s'examine et se questionne. De lui apporter le soin le plus intensif. Comment ? En changeant d'abord nos modèles et nos valeurs de référence. En vivifiant ce qui s'oppose en nous à la violence, à la cupidité. En solidifiant notre système de défense contre le ressentiment et le renoncement. Tant d'occasions nous y incitent. La musique, la fête, la recherche spirituelle, une action bénévole au service d'autrui, un simple moment d'amour ou d'amitié, les voies d'accès possibles sont innombrables. Chacun reste libre de trouver la sienne. Le cheminement philosophique propose comme remède de penser sa vie, d'y introduire une dose de raison. La raison ne guérit pas de tout, mais sans elle l'homme serait encore plus malade. Et sans elle, ne devient-il pas plus ardu encore de donner du sens à notre vie et de chercher à mieux la vivre ?

On peut s'appuyer sur les essais de Mauro Bonazzi : *Petite Philosophie pour temps troublés*, Les Belles Lettres ; et sur la magistrale *Introduction à la philosophie* de Karl Jaspers, 10-18.

II

« S'étonner, la philosophie n'a pas d'autre origine. »

→ Pourquoi Socrate fait-il commencer le soin de soi, par l'étonnement ? Que faut-il entendre par étonnement ?

→ Différent de la surprise et de l'émerveillement, sur quoi porte l'étonnement socratique ? Que nous révèle-t-il de nous-mêmes ?

→ Pourquoi les sidérations peuvent être des commencements ? Comment les traverser ?

→ Conserver la clarté d'esprit nécessaire pour affronter des événements tragiques ?

→ Quel usage peut-on faire de nos sidérations en temps de crise ?

→ Les récits que nous construisons sur les catastrophes ne redoublent-ils pas leurs effets anxiogènes ?

→ Nos questionnements sont-ils des formes d'égarement ou au contraire des sources de repères et d'orientation ?

Au lendemain de la guerre de 14-18, Paul Valéry s'interroge sur l'état de l'Europe. « Les physiciens nous enseignent, écrit-il dans *La crise de l'esprit*, que dans un four porté à incandescence, si notre œil pouvait subsister, il ne verrait rien. » Et Valéry compare l'état de l'Europe avant l'épouvantable désastre de la Grande Guerre à ce four à chauffe maximale dans lequel règne le désordre à l'état parfait. Désordre produit par le choc des idées les plus opposées, et des opinions contradictoires.

Ce chaos aveuglant est toujours le nôtre. Pouvons-nous regarder notre époque en face ? Suivre son cheminement ? Comprendre sa logique ? Nos croyances, nos valeurs, notre mode de vie sont bouleversés. Le développement de nos moyens de communication a transformé la nature même de l'information.

Censée combattre le bruit, elle en est devenue une cause assourdissante, Niagara ininterrompu et turbulent, qui nous engloutit en nous désaltérant. Impossible de traiter ni d'assimiler autant de données. L'effet Larsen se superpose à l'hypnose éblouie du four des physiciens.

À cet égarement s'ajoute un sentiment de peur. Incertaine et terrible, l'époque est notre Gorgone, monstre mythologique à l'aspect si effrayant, qu'il pétrifiait tous ceux qui tentaient de le regarder. Nous restons sidérés devant le miroir de l'époque. À la fois fascinés par la puissance du monstre que nous fabriquons et tétanisés par sa présence menaçante. Le terme de sidération désigne un anéantissement subit de parties du corps, une attaque foudroyante. Ce terme issu de l'astrologie antique renvoie à un état psychologique attribué à l'influence néfaste des astres sur le cours de la vie humaine (*sidus* en latin signifie astre). Le désastre est ainsi à l'origine la mauvaise étoile ou l'absence de bonne étoile. Étrangeté irréductible de notre langue, le mot « désir » découle de la même source étymologique… L'objet du désir est comme un astre absent, un objet perdu. Désirer c'est manquer de et le déplorer. Nos sidérations trahissent nos désirs.

Que signifie notre sidération ? Que nous révèle-t-elle ? Que pourrions-nous en faire ? Socrate apporterait-il des éléments de réponse, lui qui paradoxalement trouvait dans la sidération l'origine de sa philosophie, c'est-à-dire du soin de soi.

***

Dans un de ses dialogues, Platon fait discuter Socrate avec un jeune mathématicien, Théétète, qui donne son nom à l'ouvrage. L'échange porte sur la définition de la science. Socrate soumet son interlocuteur à l'épreuve de son questionnement, la maïeutique. Le mathématicien propose plusieurs définitions et Socrate les réfute l'une après l'autre. À un moment, complètement déstabilisé, Théétète avoue son égarement. « Mon étonnement, Socrate, est inimaginable à me demander ce que cela signifie ; il est des heures où, véritablement, y regarder me donne le vertige. » C'est alors que Socrate prononce une de ses plus célèbres formules : « S'étonner, la philosophie n'a pas d'autre origine. »

Traditionnellement utilisé, le mot « étonnement » est ici trop faible. L'étonnement désigne un sentiment de surprise devant des événements qui peuvent être très disparates en nature et en intensité. On s'étonne d'une situation imprévue, de la performance d'un athlète, d'une simple remarque qu'on nous fait. On s'étonne encore de la présence de quelqu'un, comme de son absence au demeurant. L'étonnement présente deux facettes opposées. D'un côté, il marque une réaction positive, déclinant la curiosité pour le monde, voire l'accord avec lui, L'étonnement devient alors synonyme d'émerveillement. C'est une sorte de ravissement, une légère extase. D'un autre côté, l'étonnement s'assimile à un léger choc psychologique qui se produit dans une situation inhabituelle. La réalité surgit sous un jour inattendu. Dans tous les cas, l'étonnement traduit une relation au monde disruptive, soudaine et plus intense.

Ce sentiment est si ancré en nous, si naturel, que nous pouvons le rechercher pour lui-même. Dans notre société de spectacles et d'artifices technologiques, nous fabriquons des étonnements en série. Ils font l'objet à la fois d'un véritable culte et d'un fructueux marché. Nous sommes ainsi saturés d'enchantements provoqués. Mais nos effrois également, au nom d'un obscur et paradoxal principe de plaisir, subissent le lissage neutralisant de la mise en scène médiatique. L'étonnement négatif se voit recherché pour lui-même. Les images d'un événement tragique repassent en boucle jusqu'à l'obsession. Toujours les mêmes séquences de la vague qui déferle, des tours qui s'effondrent, du terroriste identifié. Dans un retournement paradoxal, nos étonnements nous fascinent et nous anesthésient. Ils peuvent finir par nous ennuyer.

Ainsi le terme d'étonnement s'est-il édulcoré. Il a perdu la charge électrique première, la substance phonétique et sémantique qu'on trouve dans son étymologie latine et qui le relie au coup de tonnerre. Pour saisir toute l'intensité de la formule socratique, il semble préférable d'utiliser le terme de sidération, terme qui introduit l'idée d'un blocage, d'une tétanisation.

Pour dire l'étonnement, Socrate emploie, en effet, le mot *thauma*. Le *thauma*, c'est l'état dans lequel se trouve l'esprit quand il doit faire face à un phénomène surnaturel, quand un dieu, par exemple, se manifeste et intervient dans les affaires humaines. Avec le *thauma*, quelque chose se produit dans la vie ordinaire des hommes pour en déchirer le cours. Ce qui devait arriver n'arrive pas, ce qui était attendu se dérobe. Les dieux infléchissent le cours prévisible des affaires humaines et créent un événement prodigieux qui transforme la réalité et laisse les esprits médusés. Dans l'*Iliade*, par exemple, le javelot qui devait transpercer ce guerrier est détourné à la dernière seconde. L'héroïne promise au sacrifice est remplacée par une biche, etc. L'ordre divin s'impose en dehors de toute la rationalité humaine. Une puissance supérieure irrésistible prend le dessus. L'homme touche les limites de sa force et de son intelligence.

L'étonnement socratique est donc à prendre à un sens fort, il se confond avec celui de sidération. Il faut le distinguer de l'insouciance, comme celle que nous attribuons à la pensée enfantine. La psychologie nous a éclairés sur les tensions cachées de la conscience de l'enfant, ses drames secrets, mais aussi sur l'insistante volonté de savoir qui l'anime. Il n'empêche que l'enfance reste pour nous un état bienheureux, d'insouciance, auquel la culture industrielle du divertissement donne une ampleur euphorique. L'étonnement du jeune Théétète n'est pas de cet ordre. Bien au contraire, C'est un trouble, un malaise. Le mathématicien ne comprend plus rien, il parle de vertige.

L'étonnement diffère également de l'émerveillement, sentiment de plénitude que procure le spectacle du monde dans sa grandeur infinie ou sa beauté sauvage. Théétète et Socrate n'observent pas un ciel étoilé. La sidération de Théétète survient au cours d'une discussion active. On trouvera, bien entendu, dans les dialogues de Platon, des appels à l'intuition et à la contemplation. Le *Timée*, par exemple, évoque une identité essence entre l'âme individuelle et une âme cosmique. La seconde donnant à la première le modèle d'une possible harmonie. Mais la sidération de Théétète ne doit rien à la contemplation d'une nature englobante ou d'un cosmos admirable et accordé. Le malaise de l'interlocuteur de Socrate survient, lui, dans l'échange, au cœur des mots, même si Socrate est la cause de son déclenchement par ses objections et ses réfutations.

On ne peut pas non plus assimiler l'étonnement-sidération à un produit de la curiosité scientifique. Philosophe et grand savant de l'Antiquité, dont la pensée dominera la culture occidentale jusqu'à la Renaissance, Aristote éclaire ainsi le sujet : « C'est, en effet, l'étonnement, écrit-il dans sa Métaphysique, qui poussa, comme aujourd'hui, les premiers penseurs aux spéculations philosophiques. Au début, leur étonnement porta sur les difficultés qui se présentaient les premières à l'esprit ; puis, s'avançant ainsi peu à peu, ils étendirent leur exploration à des problèmes plus importants, tels que les phénomènes de la Lune, ceux du Soleil et des Étoiles, enfin la genèse de l'Univers. Or apercevoir une difficulté et s'étonner, c'est reconnaître sa propre ignorance. »

Quelques décennies après Socrate, Aristote souligne la double fonction de l'étonnement : il naît d'une difficulté initiale et il est nécessaire à la connaissance. L'esprit se trouve en butte à l'énigme d'une situation particulière qu'il ne parvient pas immédiatement à résoudre. Le terme de problème traduit cette résistance du monde tant au savoir qu'à la maîtrise pratique. Avant de devenir l'expression d'un cadre de recherche, le mot problème signifie obstacle et désigne ce qui est jeté en avant, ce qui est lancé comme un défi à l'esprit humain. La sidération est une expérience de la difficulté. À travers elle, sous la pression de l'urgence et du péril, l'homme est forcé d'admettre ses limites. Mais il se trouve en même temps requis et stimulé pour les repousser. L'homme sidéré s'arrête dans un premier temps, puis il cherche une solution et se remet en marche.

Nous avons fait de ce constat la source de la science occidentale. Deux ou trois siècles avant Socrate, celle-ci a pris son essor à Milet, qui est aujourd'hui une petite cité turque, sur la côte anatolienne, au sud de l'île de Samos. Fondée par des colons crétois et grecs avant l'an 1000, Milet était devenue un centre commercial florissant, la capitale de ce qui s'appelait alors l'Ionie.

Les savants de ce matin grec s'appelaient Thalès, Anaximandre et Anaximène. Habitants d'une cité maritime, ils ont observé les phénomènes naturels qui suscitaient l'intérêt et la peur de leurs concitoyens : les vents, les orages et les tempêtes. Une tempête, pour un peuple voué à la pêche et au négoce maritime, c'est une catastrophe, avec des pertes humaines et des dégâts matériels ruineux.

Ces premiers physiciens, nommés ainsi parce qu'ils se donnaient comme objet la nature (*phusis*, en grec), ont cherché à dépasser l'état de stupeur qui paralyse les hommes face à un phénomène naturel violent. Dans le même temps, ils ont écarté comme des affabulations les récits mythologiques qui les expliquaient. Ils ont repéré des régularités, défini des causes, dégagé une logique. La colère de Poséidon, dieu de la mer aux longs courroux, ne permet pas d'expliquer une tempête. Celle de Zeus ne rend pas compte des éclairs ni de la foudre. Les pionniers de la science ont invalidé les histoires de disputes et d'amour des dieux de l'Olympe pour poser des principes plus aptes à rendre compte des phénomènes naturels.

Pour Thalès, l'élément premier, c'était l'eau, pour Anaximène l'air, et pour Anaximandre l'infini. Ces protos-savants ont cherché, d'une manière qui nous semble rudimentaire, certes, mais décisive et sans retour, de rationaliser la nature, de donner une signification à ses phénomènes. Avec ces penseurs de l'aurore, la mythologie s'est effacée devant la science et la philosophie naissantes.

Bien plus large qu'une simple émotion, plus complexe qu'une réaction, la sidération est ainsi le germe de la réflexion. Elle décrit, certes, une relation au monde absolument humaine, désacralisée, mais qui reste dynamique. L'esprit affronte l'étrangeté, la difficulté, l'obstacle. Il s'interroge : que se passe-t-il dans cet événement ? Quelle en est la cause ? Comment l'éviter ou le maîtriser ? La volonté de comprendre les phénomènes naturels s'aiguise, comme celle de les prévenir et de leur trouver une signification. Dans le vide de la sidération vient s'insérer une pensée naissante, et dans l'égarement qu'elle produit, s'amorce une piste nouvelle, une orientation possible.

Dans l'étonnement-sidération, Socrate a découvert et exploré un autre espace, nettement différent, même s'il lui reste contigu, de celui ouvert par les premiers chercheurs de la science occidentale. Socrate d'ailleurs ne se considérait pas comme un savant. Au cours de son procès, il s'attache à se démarquer des physiciens d'Ionie auxquels on cherchait à l'assimiler. Il précise qu'il n'entend rien aux phénomènes de la nature ni aux principes par lesquels les penseurs ioniens tentent de les expliquer. Son domaine privilégié, c'est la vie de tous les jours, avec ses choix et ses questions. C'est l'éthique, le champ où s'entretissent connaissance de soi, implication dans la cité, place dans le cosmos et pratique du discours. C'est le langage, le *logos*, lieu et milieu où elle s'exprime. Dans l'étonnement, ce qui lui paraît essentiel, ce n'est pas la connaissance du monde mais le sujet connaissant, le sujet parlant.

Si les interlocuteurs de Socrate s'étonnent, ce n'est pas d'être placés devant un phénomène naturel, inexplicable, agressif ou coûteux. Ce n'est pas d'être dépassés par un événement extérieur. C'est de ne plus rien saisir à ce qu'ils disent, de perdre leur conviction. Ce qu'ils affirmaient avec aplomb, ils n'en sont plus sûrs. Sous le feu de ses questions et des objections qu'il oppose à ses différentes définitions, le mathématicien Théétète, ne sait plus dire ce qu'est la science. Il perd pied. Le stratège Alcibiade, qui ambitionne de diriger Athènes, est incapable de définir l'art de gouverner.

L'étonnement devient épreuve de vérité. Ou de fausseté puisque l'interlocuteur de Socrate ne sait plus ce qu'il croyait savoir, il flotte entre la position initiale, qu'il ne peut plus tenir, et la nouvelle qu'il ne trouve pas. Il est vidé de son opinion première, des idées préconçues autour desquelles s'organisait son supposé savoir. L'étonnement est un révélateur d'ignorance. C'est un moment critique, l'expérience d'une mini-crise à la fois intellectuelle et psychologique.

De ce vertige, Socrate va faire une opportunité et un pouvoir. En lui soulignant l'importance de la sidération, c'est comme si Socrate disait à Théétète ou à ses autres interlocuteurs : « Ton étonnement est un point zéro, le signe non pas que tu te perds dans une confusion mentale, mais, au contraire, que tu ne sais plus ce que tu croyais savoir et que tu peux te mettre en route vers la connaissance. »

La phrase complète du Théétète justifie cette lecture : « La philosophie n'a pas d'autre origine que l'étonnement, et celui qui a fait d'Iris la fille de Thaumas a l'air de s'entendre assez bien en généalogie. » Dans ce clin d'œil mythologique, Socrate glisse qu'Iris, divinité d'une beauté sublime, assimilée à l'arc-en ciel et surtout messagère des dieux, est fille de Thaumas divinité marine d'où provient le terme d'étonnement *Thauma*. L'étonnement opère une mise en relation de l'âme avec elle-même, une communication de soi à soi.

Ce retour à soi vaut comme un dessaisissement. L'esprit s'y délie de l'erreur et de l'illusion premières. Il se stimule dans sa recherche du vrai. Mais il trouve surtout le moyen d'instaurer un nouveau de rapport à soi, plus véridique. Au fond même de son égarement, il peut s'orienter vers ce qui fait l'être exceptionnel de l'homme : sa capacité de penser, c'est-à-dire de questionner et de se questionner sur ce qui paraît d'abord inconcevable, impensable.

Dans un premier temps négative, la sidération devient alors active et positive. Dans l'intranquillité du questionnement, le sujet connaissant trouve une occasion propice de se défaire de son ignorance, de sa double ignorance puisqu'il ignorait ne pas savoir. C'est dans le suspens introduit par la sidération que la philosophie trouve son origine, c'est-à-dire son point de départ et ses conditions. La crise de sidération est féconde. Ce n'est ni une tare ni une faiblesse, plutôt un signal. Le vide est fait, et dans ce vide, la pensée se reforme et peut reprendre son activité d'analyse, de représentation. Elle s'est libérée et régénérée.

Dans cette émancipation la pensée permet à l'homme de s'extraire de son environnement, pour mieux le comprendre et y orienter son action. Mais la pensée possède également le pouvoir de se séparer d'elle-même. De se décrocher de ses contenus premiers, croyances immédiates ou convictions forgées par habitude ou conformisme pour les examiner et les évaluer.

Dans la sidération l'âme se déprend encore de toute influence, elle n'écoute qu'elle-même, se saisit comme voix intérieure, autonome et libre. Elle se produit toute seule du fond même de son inquiétude. Et elle la traverse aussi. Car, lorsque la pensée revient à elle-même et examine ou réexamine ses énoncés, elle ne les répète pas, bien au contraire, elle cesse de le faire pour en engendrer de nouveaux.

C'est ce pouvoir cathartique que Socrate cherche à rendre manifeste, c'est lui qu'il entend redonner à ses interlocuteurs. Il provoque et utilise la sidération comme une technique d'enseignement et d'éveil. Ce procédé est devenu depuis un standard pédagogique toujours utilisé aujourd'hui : dérouter l'élève pour qu'il trouve par lui-même la solution.

En pratiquant la sidération artificielle, Socrate consacre son rôle de thérapeute, mi-médecin mi-guérisseur. Dans *Le Banquet*, Alcibiade avoue que les discours de Socrate le plongent dans un état d'engourdissement comme après la morsure d'une vipère. Ménon, un riche éleveur de chevaux, lui résiste : « Tu m'ensorcèles, tu me drogues, je suis la proie de tes incantations, et tu me plonges dans l'embarras. » Il compare Socrate à une raie torpille, poisson qui paralyse si on le touche.

En réalité, Socrate est un pédagogue bien étrange, totalement déstabilisant. « On prétend que je suis le plus déroutant des hommes et que je ne fais que mettre les autres dans l'embarras. » De fait, il utilise des procédés inédits pour parvenir à ses fins. L'ironie, attitude qui lui permet, de jouer les ignorants, mais aussi la réfutation au moyen de longs détours argumentatifs tournant le plus souvent à des incantations qui brouillent l'esprit de l'interlocuteur. La plupart des discussions n'aboutissent pas et la recherche des définitions débouche sur une impasse. Le dogmatisme s'y perd, comme les idées toutes faites. Enfin, dans le contexte d'une culture pédagogique grecque très particulière qui associe initiation intellectuelle et apprentissage sexuel, Socrate se dégage également de toute relation érotique.

C'est que son objectif ultime n'est ni de transmettre un savoir ni de séduire ses disciples, au sens fort du terme, mais de faire reconnaitre à son interlocuteur sa propre ignorance et de l'éveiller à lui-même. D'ouvrir au questionnement. Il se compare à un taon qui pique et stimule un attelage. Il est en même temps anesthésiant et tonique. Poison et remède. Le mot grec de *pharmakon*, relie d'ailleurs indissociablement les deux sens. Notre pharmacie moderne reste l'héritière de cette dualité. Tout y demeure question de posologie et de dosage. Socrate s'installe au cœur de la dualité constitutive de la conduite éthique.

Pour autant, l'objectif de la médecine socratique n'est pas purement intellectuel. Nicias, un autre personnage de Platon, en précise l'enjeu. « Celui qui entre en dialogue avec Socrate, même s'il a commencé à parler avec lui de tout autre chose, il ne s'en trouve pas moins forcé d'être entraîné en cercle par ce discours, jusqu'à ce qu'il en vienne à devoir rendre raison de lui aussi bien quant à la manière dont il a vécu présentement qu'à celle dont il a vécu son existence passée. » La thérapie socratique porte sur l'existence, sur la façon de conduire sa vie. Elle a une visée éthique. Elle porte sur ce que l'on sait, ce que l'on fait, ce que l'on est.

Avec sa sidération provoquée, cette thérapie est une cure contre l'ignorance, contre la pire des ignorances, celle qui se prend pour un savoir et, ce faisant, s'ignore elle-même. Elle ne limite pas pour autant à des enjeux rationnels. Elle cherche également à soigner la sidération qui s'ignore, par exemple les effets de méconnaissance lié à l'emprise que les autres ont sur nous. Ou encore celle que provoque la peur. Il s'agit alors non plus d'utiliser la sidération mais de lutter frontalement contre elle. Les remèdes restent pourtant les mêmes : la recherche en commun de la vérité, le recours à la raison, le courage.

Dans un autre dialogue, Socrate s'attache à mettre en garde un Athénien riche et brillant, fervent partisan des sophistes. Phèdre, c'est son nom, s'avoue ébloui par le discours d'un orateur renommé, Lysias, qu'il vient d'écouter et ne tarit pas d'éloge à son égard. Socrate perçoit rapidement que Phèdre est en réalité la cible d'une séduction homosexuelle sans en avoir conscience. Socrate ne condamne pas l'intention de drague en elle-même ; elle fait partie des usages à Athènes. Il cherche à éclairer son interlocuteur sur le piège dans lequel il tombe sans s'en apercevoir.

La méconnaissance n'est pas seulement une question théorique, elle s'enroule au désir. Nos opinions trahissent des intérêts évidents mais aussi des fascinations qui s'ignorent ou restent inavouables. Le dialogue montre, donc, Socrate s'employer patiemment, en mobilisant toutes les ressources de son art du discours, à vaincre les résistances de Phèdre et à le détourner de sa focalisation initiale. Socrate est le créateur du transfert philosophique…

La psychologie nous enseigne que nos opinions et, plus encore, notre pensée et jusqu'à notre personnalité, se forgent par le biais de processus complexes d'identification et d'appropriation à l'œuvre dans l'enfance. L'esprit est telle une cire molle, il reçoit et garde l'empreinte des parents, des maîtres et des modèles qui se succèdent et s'allient au cours de notre éducation et de notre formation.

À l'âge adulte, nous conservons cette capacité d'absorption essentielle. Par paresse ou manque de courage, par plaisir – un plaisir obscur qui cache souvent son nom – nous absorbons les idées des autres et nous les faisons nôtres sans véritable examen. Mais nous avons besoin de nous informer et d'échanger avec les autres pour construire notre opinion. À cette fin, une relation claire et confiante s'avère indispensable.

Pourtant ce lien peut s'altérer et se pervertir. Une identification excessive expose à l'erreur, à la manipulation et à l'emprise de l'autre. Cette sidération négative devient un instrument de pouvoir et de contrôle. Elle a ses profiteurs : les gourous dominateurs, politiciens cyniques, experts en opinion. En dépit de ce rôle incontestable d'influenceur auprès de disciples enthousiastes, Socrate refuse le rôle de directeur de conscience. S'il ferraille avec les sophistes, c'est, non seulement, parce qu'ils font payer leurs leçons et n'enseignent qu'une rhétorique vide de toute intention de vérité, mais parce que leur art repose sur le pouvoir qu'ils prennent sur leurs élèves. Socrate, membre d'une cité d'hommes libres met en garde contre cette dérive. Il choisit un autre positionnement : fils d'une sage-femme, il se déclare accoucheur des esprits. Il cherche à faciliter la naissance des idées dans l'esprit de l'autre et par l'esprit de l'autre.

Étroitement liée à l'ignorance, ou à l'emprise, la sidération l'est aussi à la peur et plus précisément à la plus terrible des peurs, celle de la mort. Comment conjurer l'angoisse suprême, quand l'heure de la mort approche et qu'il faut se l'administrer soi-même ? Quel traitement Socrate s'applique-t-il avant de boire la ciguë ? Le *Phédon*, dialogue qui relate les dernières heures du philosophe, nous en donne un aperçu.

Dans sa cellule, entouré de ses amis, Socrate ne va pas occuper ses dernières heures à se lamenter sur son sort. Pas de famille dans la cellule, ni de femmes et d'enfants, ils sont congédiés pour réduire l'impact tragique de la situation. Seulement quelques amis avec lesquels s'entretenir une dernière fois. Mais l'échange ne portera pas sur le temps qu'il fait à Athènes, les affaires de l'un ou de l'autre, l'iniquité des juges qui ont condamné Socrate, les moments forts de sa vie. Il sera totalement consacré à l'activité préférée du condamné à mort : le dialogue philosophique. La compagnie des amis et la *catharsis* par l'échange verbal composent alors un ultime soin palliatif. Un moyen sans doute de contourner l'angoisse, une manœuvre de diversion, mais aussi le choix d'un dernier moment positif qui consiste à profiter jusqu'au bout de ce que Socrate définit comme la vie bonne, la vie qui s'examine.

Dans un mélange de lourdeur déplacée et de naïveté, compte tenu du contexte, ses amis le pressent de donner sa vision de la mort. Socrate cède et déroule alors un récit en rupture totale avec la conception commune de la mort Pour les Grecs, les défunts devenaient des ombres errantes rassemblées dans une multitude désolée. Ils survivaient, mais à l'état de spectres à la fois attristés et inquiétants. Socrate part de cette opinion largement répandue alors. « Vous craignez, comme les enfants, qu'au moment où l'âme quitte le corps, un grand vent ne l'emporte et ne la dissipe réellement. »

À cette dispersion dans le néant de l'absence, à l'angoisse qu'elle fait naître, Socrate oppose une doctrine métaphysique articulant trois principes : la séparation de l'âme et du corps, l'immortalité de l'âme et le jugement des âmes dans l'au-delà. Radicalement nouvelle dans la culture occidentale, cette doctrine prendra toute son ampleur sous l'impulsion du christianisme. Elle n'en demeure pas moins très complexe, obscure souvent, livrée dans un récit mythologique luxuriant. Nous n'entrerons pas ici dans son contenu spirituel, à la fois dense et opaque, pour nous attacher à ses effets philosophiques en cohérence avec la thérapie socratique.

Loin de s'angoisser devant la mort qui vient, Socrate conjure l'angoisse commune en échafaudant ce qu'il appelle sa « belle espérance ». Il ne sert à rien de trembler comme des enfants devant un épouvantail. La mort ne poursuit peut-être que le travail de séparation de l'âme et du corps que l'activité philosophique effectue déjà ici-bas. Socrate alors se lance alors dans un grand récit mythique racontant le devenir de l'âme dans l'au-delà. Après la mort, raconte-il, les âmes survivent ; elles sont jugées, récompensées ou punies. La justice, si difficile à définir et à exercer dans la vie humaine, trouve enfin le moment et le lieu où elle se réalise. La justice n'est pas de ce monde, la pesée des existences individuelles vient après. La vie qui s'examine trouve en elle la force de s'apaiser par des visions qui compensent dans l'au-delà, les malheurs d'ici-bas.

Socrate raconte une histoire. Il reconnaît toutefois qu'il serait insensé de le prendre au pied de la lettre. Les arguments qu'il avance pour rendre crédible sa vision de l'au-delà restent peu convaincants. L'essentiel, c'est que l'entretien fasse diversion. L'espérance n'est pas un dogme. C'est l'attitude d'une âme critique à l'égard de toutes ses représentations. Mais le discours reste conforme à la ligne socratique. Le souci de l'âme s'est retourné sur elle-même, pour se concentrer sur son essence éternelle. À la peur de la mort la philosophie de Socrate oppose, une conversion à soi, un mouvement de recentrage et de réunification de l'âme. Elle l'oriente vers le champ des représentations, vers ce que Socrate définit comme « des choses pures, éternelles, immortelles, immuables ». En reprenant contact avec le monde des idées, elle se retrouve elle-même. « Et cet état de l'âme est ce qu'on appelle pensée. » La boucle constitutive, essentielle, est bouclée.

Il se trouve sans doute une part d'ironie dilatoire dans le recours au mythe qu'opère Socrate. Pour dissiper l'angoisse de la mort, il n'y aurait selon Jankélévitch qu'un remède efficace : « le consentement joyeux de l'homme à l'avenir, au futur. » En racontant ses histoires, auxquelles il semble ne croire qu'à moitié, Socrate, non seulement se donne du temps, mais il s'attribue l'éternité. Jusqu'à la dernière seconde la vie qui s'examine conserve une sorte de jeunesse invincible. Elle n'adhère jamais à sa disparition.

Au cours de cet ultime dialogue dans la prison d'Athènes, un des amis présents compare la peur de la mort à celle des enfants devant un épouvantail. Tâche de nous persuader de ne pas avoir peur, lance-t-il à Socrate. « Il faut lui chanter des incantations tous les jours pour l'exorciser », répond le philosophe. « Où trouverons-nous un bon enchanteur contre ces frayeurs quand toi, tu nous quittes ? », demande l'ami. Réponse de Socrate : plutôt que de courir la Grèce et de dépenser votre fortune, « cherchez le vous-mêmes dans une recherche mutuelle. »

La « belle espérance », n'est qu'une hypothèse, un ultime point d'interrogation. Au cours de son procès, après la sentence de mort, Socrate s'est montré plus sceptique, fidèle à sa règle de non-savoir : personne ne sait si la mort est un mal ou un bien. Mais le remède contre la peur est clairement identifié : il associe la parole et la présence d'autrui, le pouvoir du langage et celui de l'action commune. Il démythifie et démystifie. C'est ainsi que la vie qui s'examine tente de surmonter jusqu'à l'angoisse de mourir.

***

La sidération serait-elle la principale caractéristique de notre post-modernité ? Serions-nous devenus des mutants glissant sans nous en apercevoir de l'*homo sapiens* à l'*homo sideratus* ? On peut se le demander à voir se répandre et se cristalliser ce mélange opaque d'insécurité, d'incompréhension et d'abrutissement, qui compose notre malaise général.

La première forme de sidération se manifeste dans l'inquiétude que nous inspire la gravité de la situation quand une crise ou une catastrophe, plus saillantes que les autres, nous tirent de notre sommeil dogmatique ou de nos occupations ordinaires. Le surgissement dramatique répété de ces situations limites a répandu le sentiment diffus, mais désormais bien ancré dans la conscience collective, d'une menace réelle. Risques nucléaire, réchauffement climatique, pandémies, secousses économiques, conflits : nous vivons dangereusement. C'est la forme la plus immédiate, la plus sensible et la plus légitime aussi, de notre sidération.

« Le pire est à venir », dit-on couramment quand une situation se détériore de manière irréversible. La formule aujourd'hui se retourne, c'est l'avenir qui nous semble pire. Ni bon, ni mauvais, mais probablement catastrophique. Nous avons le culte de l'innovation, mais il cache en réalité une peur terrible du futur et nous cherchons dans la science-fiction des récits pour la conjurer.

Penseur des situations de crises, et notamment de celles provoquées par la Première Guerre mondiale, Paul Valéry s'interroge dans ses *Regards sur le monde actuel* sur le sens qu'on peut donner aux événements tragiques. Aucun selon lui. Car les événements ne sont que des effets de surface, « l'écume des choses ». Ils ne donnent lieu qu'à des raisonnement fallacieux et des enseignements arbitraires. « Il suffit, du reste, de songer à l'infinité des coïncidences que tout événement compose pour se convaincre qu'il n'y a pas à raisonner sur eux. »

Il est donc inutile, selon Valéry, de chercher à donner un sens à ce qui arrive. Il faut résister aux événements, les utiliser. Comment ? En « approfondissant le présent », car face aux situations inédites, non seulement les leçons du passé ne sont pas à méditer, mais elles sont à redouter et donc à proscrire. C'est là que Valéry forge une de ses plus célèbres formules : « Prenons garde d'entrer dans l'avenir à reculons. »

La méditation de Valéry, n'est plus à l'ordre du jour. Nous entrons au contraire dans l'avenir, le nez collé au pare-brise du présent. Nous avons rejeté comme un lest encombrant tout ce qui dans notre histoire pouvait nous éclairer et nous orienter. Nous rampons dans le présent, comme dans l'espace de la géométrie de Riemann, sans recul, plaqué contre les représentations que nous inspire l'expérience immédiate.

La peur est une réaction instinctive, c'est un sentiment déraisonnable ou irrationnel. Paradoxalement, nous avons aujourd'hui de sérieuses raisons de redouter notre avenir. Certes, nous aimons nos vertiges et nos frissons. Mais il ne s'agit pas ici d'approcher des requins blancs dans une cage sous-marine ni de sauter à l'élastique du haut d'un viaduc. C'est la vie des hommes qui en jeu. La nôtre et celle de nos descendants. Et la vie est vouloir-vivre, elle veut du temps, elle veut durer. Elle a soif d'avenir, et non d'inertie ni de présent immobile. Sans cet avenir que les hommes créent et inventent chaque jour, instruits par leur évolution et leur histoire, pas d'économie, de technoscience, de liberté, de plaisirs, d'individualisme.

L'expérience humaine actuelle, livrée au défi des catastrophes, peut désormais se comparer à celle de Persée, le héros grec liquidateur de la Gorgone Méduse. Nous avons à affronter la peur de la mort, non seulement la mort naturelle qui reste notre sort biologique, ou encore celle que nous pouvons nous infliger sous forme de guerre, de massacres et de génocides. Pire, nous sommes face à une possible destruction totale de l'espèce. L'arme atomique suffisante pour faire sauter la planète repose au moins encore sur un principe de dissuasion qui bloque son utilisation. Mais la menace, d'une destruction environnementale, qui s'ajoute à la précédente, échappe, elle, à cet auto-contrôle relatif. D'où la couche universelle d'anxiété qui à présent recouvre la Terre comme d'une couche supplémentaire.

Le mythe grec de Persée nous enseigne que le plus ancien remède que l'homme ait trouvé pour combattre la peur n'est autre que sa pensée active, son intelligence. Quand il affronte Méduse, Persée sait qu'il ne peut croiser son regard sous peine de pétrification. « Non seulement on ne peut voir la Gorgone, mais tous les textes disent qu'on ne peut ni la voir, ni la peindre, ni la penser, précise Jean-Pierre Vernant. La tête de la Gorgone, la mort, c'est ce qui dans notre univers humain est l'inintelligible, quelque chose qu'on ne peut pas comprendre, l'horreur. » La rencontre avec Méduse est un face-à-face perdu d'avance avec le néant.

Le mythe raconte par quel stratagème Persée parvient à décapiter le monstre. Athéna, déesse de la sagesse et de la ruse, a placé son bouclier réfléchissant près de la créature effrayante. Persée œuvrera donc à partir d'une image du monstre. Il échappe à son regard, mais il la voit de manière indirecte. C'est par sa faculté de se représenter les situations qu'il traverse, y compris les plus risquées et les plus terrorisante, que l'homme peut les maîtriser.

Mais qu'y-a-t-il de terrible dans une catastrophe sinon nous, les hommes ? Ce qui arrive dans un événement, ce ne peut jamais être que quelque chose pour nous. Rien n'arrive en soi. Un tsunami n'arrive pas pour lui-même. Une épidémie n'a rien d'impersonnel. Et un événement qui resterait absolument latent, enclos-en lui-même, sans effet sur nous, nous serait totalement indifférent. A l'inverse, l'implosion d'une étoile aux confins de l'univers est encore un événement pour nous. Elle nous apporte des informations sur « notre » univers.

L'homme n'est donc pas la cible ou la victime de l'événement, il en est le sujet, sidéré, terrassé, certes, mais toujours présent. Ce qui advient dans l'événement n'est pas le jeu du hasard, la manifestation divine, l'action punitive de la fatalité, ni même la puissance métaphysique de l'Être, c'est l'homme. L'homme n'est pas autre chose que celui qui advient pour lui-même.

D'ailleurs, la crise est désormais un scénario répétitif. Les données premières – les risques croissants sur l'environnement et les espèces vivantes dont la nôtre – en sont parfaitement connus. Comme dans une névrose les symptômes sont pris dans un éternel retour. Les alertes s'entassent, les réunions se multiplient, les événements tragiques s'enchaînent mais en réalité rien ne semble bouger. Un plan fixe inquiétant alterne avec les secousses en accéléré.

Une situation de crise, c'est un miroir où ne voyons jamais que nous-mêmes. C'est un scanner de vérité. Dans l'expérience des catastrophes l'homme se révèle à lui-même, aperçoit son image, ou sa contre-image peut-être, celle de sa faiblesse et de sa nudité. Il ne s'y reconnaît pas. Pourtant cette sidération n'est pas définitive, en elle-même se trouve le point de passage qui permet de la traverser pour recomposer une pensée et une identité nouvelles.

Sidération émotive, mais également sidération intellectuelle. Quand survient la catastrophe, nous voudrions comprendre, penser ce qui paraît impensable. Et pourtant, nous éprouvons des difficultés à nous représenter l'événement. Théétète, l'interlocuteur sidéré de Socrate, n'avait à affronter que son ignorance et ses croyances. Pour nous, le chantier est d'une tout autre ampleur. C'est notre possibilité même de savoir et de comprendre qui est mise à l'épreuve. Nous ne vivons pas dans l'Athènes antique et notre relation au savoir et à la vérité s'est complexifiée.

Les contenus de la science nous échappent. La recherche des causes, l'assimilation des processus, l'évaluation des risques réclament un niveau d'éducation et de culture que notre système ne semble plus en mesure d'apporter à l'ensemble de la société. Quand ce n'est pas dans le labyrinthe des processus que nous nous égarons, c'est dans celui du vocabulaire technique. Nous baignons dans la plus grande ignorance de tout ce qui touche à l'essentiel de notre vie sensible. Il faudrait chaque jour ajouter une thèse à notre bagage de diplômes : de virologie, de physique nucléaire, de volcanologie sous-marine.

Mais ne nous décourageons pas trop vite. Théétète était un brillant mathématicien, il faisait partie de l'élite intellectuelle athénienne. Il ne s'en montre pas moins incapable de définir la science qu'il est censé posséder et pratiquer. Comme lui, nous avons à traverser l'écran des certitudes bricolées à la hâte et qui d'ailleurs nous suffisent pour gérer les problématiques de notre vie quotidienne. Comme lui, et comme Socrate qui l'oriente sur ce chemin, nous pouvons opposer la volonté de savoir aux sirènes de l'ignorance.

L'ignorance nous procure aussi l'illusion d'un cocon protecteur. Dans l'*Œdipe tyran* de Sophocle, le devin Tirésias à qui Œdipe demande de révéler l'identité du meurtrier de son père, esquive et se désole :

« Hélas ! Hélas ! Qu'il est terrible de savoir, quand le savoir ne sert à rien à celui qui le possède. » Nous baignons encore dans cette obscurité tragique.

On sait l'aversion de Socrate pour les tragédies. À la peur de savoir, à la dimension effrayante de la connaissance, il oppose la recherche de la vérité et la volonté de traverser les écrans de l'ignorance. Théétète a moins l'avantage sur nous de la franchise et de l'honnêteté intellectuelle. Il avoue son malaise sans détour. Il nous arrive bien souvent de feindre la sidération après coup, comme si nous ne savions pas, comme si nous ignorions que le pire peut se produire. On n'en finirait pas d'énumérer nos postures de mauvaise foi et nos parades d'évitement.

Dans les définitions successives de la science qu'il donne à Socrate, Théétète se contente de reprendre des opinions toutes faites, de colporter des réponses élaborées par d'autres. Nous connaissons toujours le même problème que l'interlocuteur de Socrate, excepté qu'il a pris des proportions démesurées. Avant même que nous puissions nous forger une opinion personnelle, nous sommes plongés dans un milieu d'opinion, une cacophonie puissante de parti pris rivaux et contradictoires. Notre sidération est sous influence.

Nous rajoutons alors de la sidération à la sidération, comme pour en renforcer l'impact et en doubler l'épaisseur. Une société démocratique se caractérise par l'existence d'une opinion publique construite sur la base d'une information pluraliste et quantifiée des citoyens. L'opinion majoritaire y est donc un enjeu capital, objet d'une concurrence rude mais nécessaire et souvent féconde.

La production de cette opinion passe aujourd'hui par des moyens de communication intensifs et puissants, dont le fonctionnement rétroagit en permanence sur son objet et ses vecteurs. Ainsi, nous ne sombrons pas sous le poids de l'ignorance, mais sous la masse des informations à assimiler. Nous connaissons aussi les effets propres aux médias dans le traitement des événements. Les médias focalisent notre attention, amplifient la portée des événements, ils passent la réalité au filtre de leur code, leur concurrence accroît la valorisation de l'information par l'exclusivité et l'immédiateté de la diffusion, ils jouent sur un registre sensationnel. Globalement l'approche médiatique de la réalité provoque un effet Larsen assourdissant qui rend plus difficile la maîtrise individuelle et collective de l'information.

Deux grands récits s'affrontent désormais sur le théâtre des catastrophes. Le négationnisme et la collapsologie. D'un côté, rien n'arrivera, de l'autre tout va s'effondrer. Et le débat public se centre exclusivement sur cette alternative.

Ce plan de désordre technique en coupe un autre d'ordre politique. Tout pouvoir, y compris sous un régime démocratique, ne peut plus s'exercer aujourd'hui sans un contrôle de l'opinion. Et tout message provient d'une source qui l'organise avant de l'émettre. Une version officielle, aussi cohérente, aussi légitime, aussi honnête soit-elle n'échappe plus à une volonté de transparence. Elle est soumise et doit rester exposée à la critique, sans quoi la liberté d'expression n'existe plus et l'information glisse dans la propagande.

Les enjeux politiques sont tels que l'intention de communiquer n'est jamais pure ni innocente. Une opération de communication est toujours orchestrée, elle intègre un contexte de réception, anticipe sur les réactions négatives possibles, s'appuie sur un planning et une mise en scène. Elle s'accompagne d'un discours édulcorant et fallacieux– la langue de bois –, de manœuvres de diversion. La technologie apporte désormais à la volonté de puissance des moyens de contrôle aussi sophistiqués que néfastes.

Tout pouvoir suscitant immanquablement une résistance, d'autres sources viennent contester et concurrencer les versions officielles. Aujourd'hui, les réseaux sociaux ont introduit un troisième acteur entre les instances de pouvoir et les médias traditionnels. Gratuit, facile à utiliser, garantissant l'anonymat, ce nouveau moyen de contestation s'avère redoutable. D'autant plus qu'il est utilisé par des pouvoirs organisés pour déstabiliser à la fois les émetteurs officiels et l'opinion. Complotisme et conspirationnisme ajoutent désormais leur couche d'opacité sur le débat public.

Dans ce contexte de bruit et de désordre, ce n'est plus ce que nous savons, mais la possibilité même de savoir qui se trouve menacée. Les interlocuteurs de Socrate sont aux prises avec leur ignorance et leurs préjugés. Mais aujourd'hui il nous faut aussi affronter le chaos d'opinions livrées au jeu aléatoire de la force, délivrées des rênes de l'éthique et de la cohérence, dotées d'une puissance parodique infinie. Et il nous reste si peu de temps pour y parvenir.

Un autre levier encore déclenche notre sidération : l'insécurité. Elle est le nom de toutes nos angoisses qu'elle soient fondées, imaginaires ou provoquées. C'est un paradoxe, notre société de jouissance a érigé le plaisir en finalité suprême elle fait du bien-être matériel une valeur impérative, et pourtant, c'est une société malheureuse. Comme un enfant capricieux, elle ne supporte pas la moindre dérogation à la norme hédoniste. Ainsi tout l'angoisse, tout lui fait peur. À force de privilégier la sensation et jusqu'à l'émotion, elle s'enferme dans une bulle régressive à l'intérieur de laquelle seuls les affects négatifs s'entretiennent et se renforcent.

La peur engendre la peur, elle engendre aussi la volonté de faire peur. Si bien que nous nous engloutissons dans cette sidération collective. « J'ai peur, donc on va m'effrayer », tel le nouveau cogito de l'époque. La peur et la rumeur avancent au même pas, sœurs aussi vives que conquérantes.

Certes, nous avons quelques raisons objectives d'avoir peur. Nous faisons partie d'une espèce qui dispose des moyens atomiques et chimiques de se supprimer, qui ravage la biodiversité indispensable à sa vie, à tout moment capable de régresser dans une barbarie sans nom. Nous vivons dans un monde à haut risque. Les conditions technologiques de la vie moderne ont donné à notre peur primitive de mourir une échelle grandiose, sans équivalent dans l'histoire. Plus que jamais, la peur est devenue un instrument de gouvernement, y compris dans les sociétés démocratiques.

Rien de plus efficace pour contrôler un groupe ou des individus que de leur faire peur, de perturber leur confiance immédiate dans la vie. Dans les entreprises on appelle cette technique de gouvernance le management par la panique. On affole le personnel pour mieux le préparer et le soumettre à des changements douloureux. Théorie du désordre créateur, que les activistes aussi, sur un registre différent, exploitent sans scrupules. Le terrorisme peut ainsi apparaître comme une optimisation extrême de la même dynamique par des moyens d'une violence radicale et spectaculaire. Les gouvernants, y compris dans les pays démocratiques, ont recours à cette insécurité provoquée aussi bien par des moyens effectifs que par des incantations idéologiques.

Dans l'étude qu'il a consacré au mythe et à la tragédie en Grèce ancienne, Jean-Pierre Vernant résume le questionnement au cœur du spectacle tragique antique : « Quel est cet être que la tragédie qualifie de *deinós*, monstre incompréhensible et déroutant, à la fois agent et agi, coupable et innocent, lucide et aveugle, maîtrisant toute la nature par son esprit industrieux et incapable de se gouverner lui-même ? » Un tel être, bien entendu, n'est pas une Gorgone, ou une créature de la mythologie, c'est l'homme lui-même.

En dépit du progrès de nos connaissances, du développement de nos techniques et de l'amélioration de nos conditions de vie, nous sommes restés ou redevenus les enfants tragiques de nos mythes, effrayants et effrayés. En proposant à ses concitoyens de prendre soin de leur être, Socrate les incitait à prendre soin de l'homme apeuré, ignorant et manipulé que chacun porte en lui.

Il opposait au destin tragique une vie d'homme libre, exploitant les ressources de sa conscience, déjouant les pièges du discours. Nos sidérations ne sont pas des abîmes dans lesquels nous serions obligés de sombrer. Plus les difficultés de se défaire d'une opinion, ou de s'en constituer une, se renforcent et plus notre volonté de savoir se trouve activée. Plus les manœuvres s'intensifient, plus on veut nous tromper ou nous impressionner, plus nos sidérations s'accroissent, et plus notre questionnement se fortifie. Nos sidérations ne sont pas des faiblesses insurmontables, elles se traversent et se soignent. Ce ne sont pas des signaux de détresse mais des sirènes d'alerte. Ce sont des seuils pour la vie qui s'examine, des points de passage pour le soin de soi.

C'est pourquoi le questionnement socratique garde toute sa nécessité et son efficacité. Le pire serait en effet, et c'est souvent ce que se produit, que nous manquions l'occasion de nous interroger sur nous-mêmes, sur les mots que nous utilisons, les valeurs qui nous motivent, les croyances et les illusions qui nous passionnent. Et c'est aussi l'excès de confiance – le sentiment que nous survivrons dans tous les cas – qui nous aveugle.

L'enjeu décisif pour l'homme, toujours reconduit, reste précisément de concevoir ce qui inconcevable, de rationaliser l'irrationnel, de donner un sens à ce qui apparaît absurde ou sans justification. La vie elle-même n'est-elle pas l'énigme la plus obscure et la plus résistante ? Mais cette vie n'est-elle pas aussi celle qui s'examine ? La sidération nous fait reprendre contact avec ce que nous sommes, elle nous met en communication avec notre essence.

— Aller plus loin —

« L'effroi sacré, voilà la meilleure part de l'homme », écrit Goethe. La sidération est notre vocation. Qu'elle prenne la forme négative de la terreur face à la catastrophe, ou celle, positive de l'émerveillement, c'est par elle que le monde, sa pourriture et ses miracles, se révèle et nous lie à lui. Un rayon de soleil d'été, la visite d'un musée, un simple bruit, la présence d'un visage, sont les occasions immédiates et naturelles de notre aptitude, quasi spirituelle, à la sidération. Les astrophysiciens donnent à cette capacité une dimension à la fois cosmique et universelle. N'oublions pas de réserver dans notre journée des moments de sidération positive. Et glissons-y aussi cet étonnement socratique qui donne à nos malaises la dimension d'un appel à la réflexion, voie possible d'une réanimation.

On peut prendre du recul et de la hauteur avec Trinh Xuan Thuan : *Le cosmos et le lotus*, le Livre de poche.

III

« Je ne sais qu'une chose, c'est que je ne sais rien. »

→ Que cache et révèle l'ignorance dans laquelle nous plonge un événement tragique ?

→ À quelles fins Socrate valorise-t-il le non-savoir ? Comment le conçoit-il ?

→ Pourquoi l'ignorance qui s'ignore est-elle la pire des maladies ? Pourquoi ne devons-nous pas redouter notre ignorance ?

→ En quoi le non-savoir est-il un remède et participe-t-il au soin de soi ?

→ Pourquoi le questionnement est-il préférable au dogmatisme ? Pourquoi nous aide-t-il à accepter notre énigme et à surmonter nos peurs ?

→ Comment le non-savoir stimule-t-il notre désir de savoir et notre esprit critique ? Comment nous soigne-t-il de notre dépendance aux idées reçues et aux dogmes médiatiques ? Loin d'être un handicap, serait-il une force ?

→ Pourquoi le non-savoir nous rend-il plus humain et plus désirants ?

Au lendemain des tsunamis qui ont ravagé les côtes de l'océan indien, le 26 décembre 2004, le géophysicien Paul Tapponier a eu cette formule paradoxale : « Je savais tout, je ne savais rien. » Elle résume parfaitement la situation confuse dans laquelle nous plonge notre époque avec ses catastrophes, sources d'incertitude et d'angoisse.

Passée la première ligne de la sidération, nous voici confrontés à l'épreuve redoutable du non-savoir. Avec, pour premier écueil, d'identifier l'événement qui se produit, d'en évaluer l'ampleur et les conséquences. La recherche, le traitement et la diffusion des informations, qui composent le travail de la presse, interviennent dans des circonstances exceptionnelles qui rendent plus complexe leur réalisation. Les sources officielles, techniques ou politiques, sont elles-mêmes débordées, le plus souvent elles résistent et, dans certains cas, se dérobent suscitant la contestation. Cet évitement plus ou moins voilé suscite immanquablement la méfiance.

Quand la machine médiatique tourne à plein régime, y compris quand la rigueur et l'honnêteté journalistiques sont indiscutables, l'intense focalisation qui en résulte crée alors un immense vide mental, à la fois fascinant et dissuasif, qui décourage toute volonté de construire une opinion personnelle ou collective fiable. La chose devient encore plus ardue quand le phénomène catastrophique réclame un niveau élevé de connaissances scientifiques et techniques. C'est le cas la plupart du temps. Des termes précis dans leur domaine d'origine, mais sources d'opacité pour le commun des mortels, circulent alors et se mettent en orbite autour de nous tels des satellites insaisissables.

Le récit mythologique raconte que Prométhée, le Titan qui a volé le feu aux dieux pour le donner aux hommes, était nu à sa naissance. Nous sommes renvoyés aux premiers jours de ce transmetteur de technique et de savoir. Aussi dépouillés et exposés que lui. Et plus encore, puisque nous ne devrions ne plus l'être, protégés par les acquis de notre évolution et les progrès de nos connaissances dans tous les domaines.

À l'origine, le mot grec de catastrophe exprime un mouvement vers le bas, un renversement, un bouleversement. La catastrophe, c'est l'événement qui met la tête à l'envers, prend à revers, fait s'effondrer la plateforme de sens sur laquelle une communauté pense et se pense. Dans le théâtre antique, le mot désigne le retournement de situation qui marque le dénouement de l'intrigue.

Privés des ressources de la pensée rationnelle, nous cherchons dans les mythes – la fatalité, la punition divine, voire dans le défaut sécuritaire – des éléments d'explication. Il nous faut des responsables et parfois nous ne trouvons que des boucs-émissaires et des victimes expiatoires.

Assourdis par la cacophonie des catastrophes, mélange aléatoire de bruit médiatique, de désinformation et de silence officiel, nous nous attristons d'être aussi démunis et la constatation brutale de notre nudité accroît le désarroi collectif. Notre misère s'égalise sur notre ignorance et nous gémissons sans fin sur notre triste condition. Nous n'avons plus aucune autre certitude que celles de nos risques et de nos craintes.

Cette peur que nous refusons et à laquelle nous ne voulons pas donner un sens, n'est-elle pas déjà un savoir caché ? Il n'est pas certain que notre inculture et notre sous-information apparentes soient des impasses ou des voies de détresse. Nous savons déjà tout des risques que nous courons désormais. Sommes-nous condamnés à sombrer dans ce trou noir psychique ?

Notre ignorance nous parle encore. Et si, loin d'être un néant de connaissance, elle était dotée d'un pouvoir de contestation et de régénération ?

***

« Je ne sais qu'une chose, c'est que je ne sais rien. » Véritable cliché philosophique, cette citation est l'une des plus célèbres de Socrate. Comment la comprendre ? Pourrait-elle éclairer notre situation ? Pourquoi le non-savoir pourrait-il être valorisé ? Ce n'est pas une affirmation métaphysique surgie de nulle part. Elle émerge dans un contexte de désastres en chaîne qui dévastent la démocratie athénienne et provoquent une crise profonde des valeurs. En outre, elle est indissociable du destin personnel tragique de Socrate, qui l'évoque durant son procès public.

Cette formule, aussi abrupte que paradoxale, n'est pas de Socrate lui-même, elle est issue de la tradition philosophique. Socrate a seulement utilisé des expressions voisines avec des nuances importantes et dans un contexte précis. Mais la citation retenue condense les différentes occurrences et elle n'en reflète pas moins le parti-pris du philosophe.

La plus marquante de ces formulations se trouve dans *Apologie de Socrate*, où Platon reconstitue le discours en défense de Socrate devant le tribunal populaire qui va le condamner à mort. Socrate s'efforce alors de convaincre ses juges que les chefs d'accusation ne sont en réalité que des calomnies. Il n'a jamais cherché à introduire de nouveaux dieux dans la cité ni à corrompre sa jeunesse. Il avance que c'est parce qu'il a la réputation de posséder un peu de sagesse qu'il est victime de ces accusations. De quelle sagesse s'agit-il ? Réponse étonnante de Socrate : « Je ne sais qu'en dire ; car moi, je ne la connais pas. »

L'accusé s'attache ensuite à expliquer en quoi consiste son activité de philosophe. Pour cela, il se réfère à un témoignage de moralité. Il raconte qu'un de ses amis d'enfance, décédé au moment du procès mais grand démocrate, a un jour consulté l'oracle de Delphes pour savoir s'il existait un homme plus sage que Socrate. La Pythie aurait répondu par la négative. Intrigué par ce message, Socrate s'est alors lancé dans une enquête pour le déchiffrer. « Que veut dire le dieu et quel sens recèlent ses paroles ? Car moi, j'ai conscience de n'être sage, ni peu ni prou. » Socrate va donc chercher à savoir ce que signifie le mot sagesse, qui, et sous quelles conditions, peut être décrété sage.

Sagesse… le mot est vague, il est même quasiment péjoratif pour nous qui privilégions une vie intense, ivre d'excès et avide de transgression. Notre norme est le désordre général et, plus encore, la dérèglementation individuelle. Le sage, c'est l'homme, mesuré et qui a de l'expérience, sans doute trop prudent, voire inhibé. C'est une figure du passé. La sagesse est l'objet d'une ségrégation intellectuelle élitiste. Elle s'est dévalorisée.

Il n'est pas certain que cette dépréciation ait complètement réussi. De nombreuses pratiques – yoga, méditation, développement personnel, etc. – témoignent aujourd'hui d'une aspiration à une forme de sagesse reliant spiritualité et bien-être. En outre, loin des débats intellectuels, les valeurs d'une sagesse populaire universelle, comme l'humilité, la tempérance, le respect d'autrui, irriguent la plupart des conduites quotidiennes dans toutes les classes sociales. Pour vivre à hauteur d'homme, un minimum de cette sagesse ancestrale nous reste indispensable, quoi qu'en affirme l'air du temps.

Pour les hommes de l'Antiquité, au contraire, la sagesse était un enjeu social d'importance. Elle débordait de sens. *Sophia*, la sagesse, est un terme polysémique. À l'origine, il désigne un savoir-faire artisanal. Le sage c'est l'homme habile à manier un outil, puis le musicien qui maitrise un instrument. Le terme s'exporte ensuite loin de la sphère de la dextérité manuelle. Par ses paroles, un poète agit, lui aussi, il produit des effets sur les pensées et sur les cœurs. Le sage devient ainsi un maître à parler, un maître de vérité.

Comme dans la culture grecque la pouvoir passe par l'exercice de la parole, le politicien peut donc, lui aussi, tenir le rôle du sage. Puis encore les physiciens, ceux qui connaissent les lois de la nature, les principes de l'univers et qui proposent d'y adapter les conduites humaines, l'ensemble de pratiques relevant de l'éthique. Enfin, ce sont les sophistes, qui, possédant le savoir de l'éloquence, revendiquent ce statut. Leur terme générique récupère et absorbe la *sophia*. Savoir, savoir-faire, science, expertise : tous ces sens se retrouvent donc le mot *sophia*. Le sage est un référent identitaire, un modèle humain pour l'homme grec, au même titre que, de nos jours, peuvent l'être la star de cinéma ou le sportif célèbre.

Pour mener à bien son investigation personnelle, Socrate rencontre donc ceux qui sont réputés être des sages : politiciens, militaires, artistes, artisans, orateurs, citoyens et étrangers. Les « sondés » couvrent l'espace social de la cité grecque, ils constituent un panel représentatif. Socrate les interroge sans relâche pour mesurer l'étendue de leurs connaissances et la profondeur de leur savoir.

De cette enquête sur le terrain, à laquelle il a consacré une partie de sa vie, Socrate retient quatre précieux enseignements. Le premier, c'est que tous ces interlocuteurs paraissent sages mais qu'ils ne le sont pas. Ils sont seulement supposés savoir. Ils s'accordent eux-mêmes ou on leur impute une distinction qu'ils ne méritaient pas. Le second enseignement, c'est que le non-savoir devient dans ces conditions supérieur et préférable à la sagesse. « Il ne se peut qu'aucun de nous deux ne sache rien de beau ni de bon ; mais lui croit savoir quelque chose, alors qu'il ne sait rien, tandis que moi, si je ne sais pas, je ne crois pas non plus savoir. Il me semble donc que je suis un peu plus sage que lui par le fait même que ce que je ne sais pas, je ne pense pas non plus le savoir. »

Le troisième enseignement décrypte la parole de l'oracle de Delphes. « Il y a bien des chances, juges, que le dieu soit réellement sage et que par son oracle il veuille dire que la sagesse humaine n'est pas grand-chose ou même qu'elle n'est rien. » La sagesse, c'est de reconnaître ses limites, non de les travestir. Quatrième et ultime constat, délivré avec un humour à peine voilé, marque de l'ironie socratique : « Si le dieu m'a désigné, il semble qu'il ne se soit servi de mon nom que pour me prendre comme exemple. » C'est parce qu'il est le moins sage que Socrate a été donné en exemple. Loin d'être un impie, ce dont on l'accuse, il remplit une mission au service du dieu tutélaire de Delphes, Apollon.

Au cours de son déroulement, l'enquête socratique s'est heurtée à trois fronts de résistance ; elle a rencontré trois adversaires particulièrement coriaces. Le sophiste d'abord. C'est un faux sage, il croit savoir alors qu'il ne sait rien. Le poète ensuite, qui, parce qu'il est expert en poésie, se croit supérieur aux autres. Il veut impressionner son public en jouant sur la fibre de l'émotion. L'artisan, enfin. Celui-ci estime à tort que son savoir-faire lui vaut pour savoir en toute chose. Quand il se mêle de politique, il enfile la tenue du démagogue. Ignorance, mépris, enflure : tels sont les principaux travers que Socrate cible et auxquels il veut remédier en opposant son non-savoir et son questionnement. Or ces défauts, les trois accusateurs de Socrate les incarnent. Et ce sont eux qui sont à l'origine de son procès.

Au-delà de l'argumentation que Socrate mobilise pour sa défense, apparaît clairement la portée éthique du non-savoir qu'il revendique. Celui-ci trouve son origine dans une enquête menée sur la parole de l'oracle, à laquelle les Grecs – toujours inquiets de leur avenir et passionnés par les énigmes – aimaient se référer pour connaître le futur et déterminer leur attitude. Mais, loin de la prendre pour argent comptant, Socrate la soumet au tamis de son questionnement. Il va ainsi à l'encontre de l'usage commun qui sacralise les formules oraculaires proférées par une prêtresse droguée et plongée dans un état modifié de conscience.

Le médecin traite du corps mais aussi de ses signes pathologiques. La médecine socratique porte sur les discours, leur forme, leur contenu, leur intention, leur performance. La philosophie se relie à la parole oraculaire mais c'est pour l'examiner, pour la démystifier. C'est là qu'elle scelle sa vocation critique à l'encontre de la mythologie, de la rhétorique, de la démagogie, de tous les discours qui s'entrelacent pour tisser serrées les mailles de l'opinion commune, de toutes les pratiques oratoires mystiques ou obscurantistes. Socrate les identifie comme des pathologies débilitantes auxquelles il convient d'apporter un traitement de choc.

Cette entreprise critique qui porte sur le discours, englobe le sujet parlant, faisant apparaître la fragilité et l'incohérence de ses avis personnels, l'infatuation qui l'anime, et identifiant sa maladie majeure : l'ignorance qui s'ignore. Elle s'applique au savoir lui-même dont elle trace les limites. Il ne sera ni instinctif, comme celui des animaux, ni absolu comme celui des divinités. L'enquête socratique elle-même, c'est une condition de son exercice, se confond avec la dynamique première de la vie qui s'examine elle-même.

Pour saisir la portée de ce non-savoir, il convient d'abord écarter ce qu'il n'est pas. Le non-savoir socratique diffère de la volonté d'être ignare, de se satisfaire de son ignorance, par paresse intellectuelle ou souci de tranquillité. Il se distingue de la bêtise heureuse, innocente ou autosuffisante. Le non-savoir exprime au contraire, une dynamique d'éveil ou de réveil. Le questionnement socratique se veut piquant et stimulant. Il s'engage dans la cité et se pratique dans la communication avec les autres. Loin de conduire à un repli sur soi, c'est une force d'intervention et de contestation dans l'espace subjectif de l'âme individuelle comme dans celui, social et politique, de la cité.

Pas de mystique ici, ni de théologie de l'ineffable. Le non-savoir recherche la formulation et la clarté. Il y a bien en lui une connivence avec une volonté divine, celle qu'Apollon manifeste à travers la parole oraculaire de la Pythie, mais Socrate, en s'y reliant, la déplace sur le champ du *logos*, de la raison et de l'échange. Il la désacralise, lui donnant une surface et des limites humaines. Le soin de soi prend ses distances avec l'occultisme et la mythologie. Il les utilise avec ironie.

Socrate a directement influencé deux grandes écoles de philosophie antique : le scepticisme et le stoïcisme. Mais le non-savoir, tel qu'il l'entend, diffère de la négation de tout savoir, de la possibilité même de savoir, qui fait le socle du scepticisme. Il n'écarte jamais la recherche de vérité. Il s'y enlace. S'il relativise et limite le savoir, il n'équivaut pas un assentiment stoïcien à un ordre du monde, à une fatalité gravée depuis toujours dans le livre des événements. Il est positif et libérateur.

Même s'il en constitue une des sources, on ne peut confondre le non-savoir socratique avec ce que la théologie chrétienne a nommé la *docte ignorance*. Celle-ci consiste à déléguer à Dieu le pouvoir de la vérité, ne laissant à l'homme que l'enclos d'un savoir relatif et limité. Mais l'ignorance qui se connaît, la connaissance du non-savoir sont encore, dans l'approche théologique, nimbés d'une sagesse élitiste, la sagesse du croyant éclairé et cultivé. Rien de tel dans le non-savoir socratique. Socrate parle, il n'écrit pas, il se méfie du savoir livresque et fustige le pédantisme.

Le non-savoir n'est pas plus une ignorance en attente d'une connaissance qui viendrait la combler. Socrate ne propose aucune théorie, aucune doctrine qu'il aurait à transmettre à ses interlocuteurs. Au début du *Banquet*, le maître de maison l'invite à venir se placer à ses côtés, afin que sa sagesse se communique à lui par la seule proximité. Socrate répond : « Quel bonheur ce serait si le savoir était de nature à pouvoir couler d'un homme qui en est plein à un autre qui en est vide par l'effet d'un contact mutuel, comme l'eau passe par l'intermédiaire d'un morceau de laine de la coupe pleine à la coupe vide. »

Mais tel n'est pas le cas. Pour sa pratique philosophique Socrate ne dispose pas d'un système de vases communicants. Mais surtout, il n'a pas de contenu de vérité à transmettre, pas de savoir précis à enseigner. Ce n'est pas un savant qui aurait à transfuser des connaissances et des théories. Sa philosophie pourtant n'est pas réductible à une rhétorique vide, elle ne cherche pas à fasciner un public ni à apprendre à des élèves des techniques de communication. La science occidentale a d'ailleurs intégré dans ses modalités les principes généraux du socratisme : la recherche de concepts, la critique des idées reçues, le questionnement, la coopération et le dialogue.

Pour autant, la philosophie diffère de la science. Socrate l'affirme devant ses juges, il n'entend rien aux recherches sur la nature. Il ne revendique pas le titre de savant. Il ne vise pas pour autant une quelconque non-science. C'est un état actif où le sujet ne sait rien, mais peut devenir conscient de son ignorance. La plupart des interlocuteurs de Socrate montrent au fil de l'entretien qu'ils ignorent ce qu'ils devraient ou croient connaître. Ce mathématicien est incapable de définir ce qu'est la science. Ce général de dire en quoi consiste le courage. Ce jeune homme réputé sage de déterminer ce qu'est la sagesse. Ce prétendant au pouvoir de donner quelque lumière sur la justice et l'art de gouverner.

Tous ignorent ce qu'ils sont pourtant supposés savoir, ce qu'ils prétendent savoir. Pire encore, ils ignorent ce qu'ils sont, qui ils sont. Toute la maïeutique socratique consiste à les éclairer sur eux-mêmes, à les inciter à penser par eux-mêmes et sur eux-mêmes. Elle les incite à se retrouver comme des êtres appelés à penser et à exercer leur raison, à disposer d'eux-mêmes comme des hommes du *logos*.

Avant d'être un énoncé cohérent, juste et fondé en vérité, un contenu de savoir, la connaissance est, donc, naissance à soi-même du sujet pensant. C'est pourquoi sa transmission même ne relève pas d'un système de vases communicants. Dans cette naissance, Socrate entend jouer le rôle d'accoucheur, de facilitateur. Mais c'est toujours en lui-même que l'ignorant trouve les conditions pour s'établir ou se rétablir dans le savoir. Le non-savoir est une négation féconde qui permet à l'esprit de se ressaisir lui-même, sans la médiation d'aucun maître. De renaître à la vie qui s'examine.

Le plus sage, le plus savant, pour Socrate, « c'est celui qui sait qu'il ne vaut rien pour ce qui est du savoir ». C'est pour cette raison que l'oracle l'a désigné comme le sage parmi les sages. Le philosophe est l'homme conscient des limites de son savoir, comme des limites de tout savoir humain. Il en connaît la relativité. Il garde donc une distance salutaire avec ce qu'il sait, une sorte de second degré et d'autodérision, qui le protège des pesanteurs de la fatuité et de l'esprit de sérieux. C'est pourquoi le non-savoir n'a rien d'élitiste et concerne tous les hommes. Ceux qui, par excès de pédantisme, croient posséder le savoir et ceux qui pourraient le posséder mais sont victimes de leurs préjugés.

Pas de savoir, pas d'enseignement, pas de maître : de quelle utilité personnelle et sociale peut bien être la déroutante philosophie de Socrate ? Serait-elle une pure distraction intellectuelle, un divertissement pour des hommes grecs libérés des contraintes du travail et livrés à l'oisiveté ? Socrate a apporté des éléments de réponse dans son discours en défense : « Je me suis uniquement engagé dans une activité où à chacun d'entre vous je rendrai le plus grand des services en essayant de le persuader de s'occuper moins de ce qui est à lui que de ce qu'il est, lui, pour se rendre aussi excellent, aussi raisonnable que possible. »

Thérapie de l'ignorance qui s'ignore, le non-savoir est aussi un remède fortifiant qui donne l'accès à l'être véritable de l'homme. Quand il en fait l'expérience, l'individu reprend contact avec lui-même, il s'appréhende comme source de savoir. Celui-ci ne naît pas de la parole de l'autre, de l'énoncé objectif sur tel ou tel phénomène, mais bien d'un sujet qui a considéré et évalué son opinion. Qui l'a interrogée et mise en question. L'individu est porteur et opérateur de cette vie qui s'examine. Et c'est précisément de cette vie qu'il faut prendre soin.

Car notre vie n'est-elle pas dans ses moindres moments quotidiens emportée par le flux du non-savoir ? Et ne sommes-nous pas comme le centre vide d'un anneau en ce qui touche à notre être le plus essentiel ? Des habitudes et des certitudes nous apportent une sécurité et une efficacité relatives, mais, la plupart du temps, elles vacillent et ne nous sont plus d'aucun secours. Des lois et les impératifs moraux bordent nos conduites, mais ils se trouvent sans cesse en butte à des situations nouvelles ou imprévues.

Dois-je faire ceci plutôt que cela ? Mon engagement est-il fondé ? Ma résolution est-elle bonne ou mauvaise ? S'accorde-t-elle avec mon désir ? Suis-je dans le vrai ou dans l'illusion ? Suis-je juste, équitable, sincère ? Notre vie tout entière se trouve plongée dans un bain obscur d'indécision. Ce qui est le plus important pour nous, ce qui révèle et implique notre être, nous verse dans un non-savoir irréductible et toujours recommencé. Cela tient à notre liberté. Et c'est vers elle que Socrate, homme libre dans un cité d'hommes libres, quelles que soient les limites et les ambiguïtés de la liberté des Grecs de l'Antiquité, nous conduit.

La vie qui s'examine, qui prend soin d'elle-même, est une vie capable de saisir sa vérité, la vérité d'un questionnement toujours ouvert où elle découvre et expérimente son absolue liberté. Le problème du non-savoir excède les limites de la connaissance scientifique et de l'opinion. Il n'attend pas une solution concrète. Il porte sur des valeurs et non sur des idées. Il requiert un individu qui s'implique. Il relève de l'éthique, c'est-à dire de la façon de conduire sa vie et de lui donner un sens.

Atteindre et traverser le non-savoir socratique est tout sauf facile. Il y faut de la technique, une méthode éprouvée. C'est le questionnement, la maïeutique ou l'art d'accoucher les esprits. Socrate y tient invariablement le rôle de l'animateur, de l'enquêteur, jamais celui du répondant. Pour mener à bien le jeu dialectique, Socrate dispose de procédés personnels. Parmi eux, l'ironie, qui consiste à feindre l'ignorance, à simuler la naïveté, pour éviter de prendre l'interlocuteur frontalement, pour mettre de la distance et parfois de l'humour dans le questionnement. Socrate fait semblant d'enquêter pour amener son partenaire de dialogue à découvrir qu'il ne sait pas grand-chose de ce qu'il croit savoir ou encore qu'il se trompe à son sujet.

De ce non-savoir, Socrate ne fait pas un concept. Il n'élabore à partir de lui aucune théorie de la connaissance. Il ne parle d'ailleurs jamais de non-savoir, il affirme : « je ne sais pas ». Le terme n'est pas un substantif. Le non-savoir est une attitude du sujet face au savoir, au faux-savoir, à l'ignorance qui se prend pour un savoir, à la vanité, ignorance qui prétend s'imposer aux autres comme un savoir, ou à la paresse du conformisme. C'est une position critique et négatrice. Pour accéder à la connaissance, il convient au préalable de repousser les opinions fausses et de refuser les intentions qui les soutiennent.

L'accoucheur des esprits, lui aussi, apprend la catalyse de l'ignorance qu'il rend possible. Et s'il fait perdre leurs moyens à ceux avec qui il discute, Socrate en tire un bénéfice pour lui-même. « Ce n'est pas en gardant la jouissance de mes moyens que je fais perdre aux autres leurs moyens, mais c'est bien en perdant tous mes moyens moi-même que je fais perdre aux autres leurs moyens. » Le non-savoir enveloppe le questionneur et le questionné dans une sidération commune, à la fois réciproque et alternée. La dialectique socratique n'est pas un jeu de manipulation où se répartissent des rôles de pouvoir. Elle n'a pas de maître ni d'esclave. C'est une expérience partagée de progression vers le savoir.

Se soucier de soi, c'est revenir à soi, non pour pratiquer une introspection psychologique, mais pour s'orienter par soi-même dans un monde de valeurs et de choix. Pour Socrate, ce qui est mal pour l'homme, ce qui lui fait peur, ce qui l'agresse, le lèse, tout cela n'est rien d'autre qu'un produit de l'ignorance. Chacun en toute circonstance doit savoir en lui-même « si ce qu'il fait est juste ou non, s'il se conduit en homme de bien ou en homme mauvais ».

Enjeu complexe et redoutable. Le rapport de l'ignorance et du savoir se retrouve également au centre de l'éthique de Socrate. « Nul n'est méchant de son plein gré », nous dit une autre citation synthétique, jamais utilisée comme telle par Socrate mais de lui indissociable. Le mal n'est pas le produit d'une volonté perverse qui trouve son plaisir dans la cruauté, la haine ou la transgression. Socrate en attribue la cause à l'ignorance. Cette conception, curieuse à nos yeux, ne doit pas être considérée comme irréaliste. Socrate n'a rien d'un naïf. Elle n'exprime pas non plus une position intellectualiste selon laquelle il suffirait de connaître le bien pour le faire.

Socrate connaît et reconnaît la force du désir, il l'intègre dans la dénomination de son activité, la philosophie. Mais, nous aborderons cette question plus loin, le désir n'est pas la seule force dont l'homme dispose. L'âme possède également une énergie et une raison. Si l'homme peut être mauvais, s'il fait le mal, c'est parce qu'il suit son désir et que le désir est aveugle, ignorant en lui-même, il agit à l'insu du sujet, comme une énergie première portée vers une satisfaction immédiate qui constitue sa seule et unique fin. L'orientation de l'âme vers le bien ne peut se faire qu'en associant l'ardeur de la volonté et la lumière de la partie raisonnable de l'âme qui seule peut savoir où se trouve le bien. C'est pourquoi seule une initiation permet d'accéder à la vision du bien. L'éducation est la grande médecine, le seul remède contre l'ignorance irréductible, mais parfois néfaste, du désir livré à ses impulsions incontrôlables ou ses demandes démesurées.

Au terme de son procès, Socrate est déclaré coupable et condamné à mort. Dans la prison où il vit ses dernières heures, il poursuit son questionnement et affronte cette fois pour lui-même l'épreuve du non-savoir. Faut-il craindre la mort, se demande-t-il dans un dernier dialogue avec ses amis ? « Qu'est-ce en effet que craindre la mort sinon s'attribuer un savoir qu'on n'a pas ? N'est-ce pas s'imaginer qu'on sait ce qu'on ignore ? Car, enfin, personne ne sait ce qu'est la mort, ni si elle n'est pas par hasard pour l'homme le plus grand bien. Et pourtant, on la craint, comme si on savait qu'elle est le plus grand des maux. Comment ne serait-ce pas là cette ignorance vraiment répréhensible, qui consiste à croire que l'on sait ce que l'on ne sait pas ? »

La mort est la forme suprême du non-savoir. Personne ne peut dire si elle est un malheur ou une libération. Et de la même façon qu'il a tenté de donner un sens à sa vie, Socrate passe donc ses dernières heures à donner un sens à la mort qu'il doit s'infliger. Quand l'âme se sépare du corps, sa vie, peut-être, continue après la mort, une vie purifiée de toutes ses maladies, accomplissant sans reste tout le potentiel dont elle témoigne ici-bas. Elle est rendue à elle-même, à son essence. C'est une hypothèse, « une belle espérance ». En lui-même, dans l'exercice ultime de sa pensée, avant que le poison ne l'anesthésie, Socrate trouve l'antidote pour apaiser la peur. Le non-savoir provient de notre finitude même, il est la force de la vie qui s'examine…

L'homme est ignorant ; il doit faire face aux volontés de puissance qui cherchent à le dominer ou à le manipuler ; il a peur, il est faible, il doit mourir un jour. Mais Socrate l'invite à prendre conscience de ses limites et confiance dans son potentiel. Le non-savoir d'un sujet éclairé par et sur lui-même n'est pas une maladie, c'est au contraire un remède à sa disposition.

***

Le non-savoir socratique pourrait-il encore nous aider à mieux prendre soin de nous ? Les crises que nous traversons, les menaces qui pèsent sur nous, nous entrainent dans le manège vertigineux d'un non-savoir aux manifestations multiples. En premier lieu, l'ignorance pure et simple. Dans la plupart des cas, nous manquons de l'information et de la culture nécessaires. Nous ignorons ce qu'il nous faudrait savoir pour nous représenter et comprendre ce qui nous arrive.

Notre monde, à la fois naturel et technologique, notre vie et notre corps font l'objet de systèmes et de théories d'une complexité telle qu'ils restent inaccessibles à la plupart d'entre nous, dans leur principe et leur logique. Le savoir individuellement disponible est trop petit au regard de celui qu'il nous faut pour comprendre ce qui est en jeu dans ce qui menace notre vie. Un des premiers effets d'une catastrophes est de nous révéler la difficulté d'appréhender ses causes, ses mécanismes et de prévoir toutes ses conséquences.

Il nous faudrait à chaque épreuve disposer d'une érudition immense, connaître les multiples paramètres liés au vol d'un avion, les principes de la fission nucléaire ou les arcanes du génome humain. La science finit par offrir au commun des mortels un aspect ésotérique, qui renforce le sentiment d'insécurité. Loin de trouver grâce à elle quelque lumière, on y perd les derniers repères. Où se trouvent le vrai et le faux ? Comment les distinguer ? Nous ignorons ce qu'il est capital de savoir. La science est devenue la grande cité du non-savoir. Nous y sommes perdus comme le malade imaginaire de Molière au milieu des médecins du XVIIe siècle.

Nous vivons dans un monde simplifié dont nous réduisons le fonctionnement à notre usage immédiat. Quand nous jugeons d'une situation, nous demeurons au centre des problématiques. Et quand tel n'est pas le cas, nous pouvons encore, dans le brouillard, feindre d'occuper une position centrale. Nous compactons les questions de notre existence au format d'un QCM dont nous prétendons connaître la plupart des réponses.

Or, la caractéristique principale d'une situation limite est de nous faire entrer dans le monde du questionnement et de la complexité. Le terme de complexité est aujourd'hui galvaudé mais on peut retenir deux de ses significations principales : la pluralité et l'imprévisibilité. Ce qui caractérise une catastrophe, c'est précisément qu'elle résulte de l'interaction de multiples facteurs et nécessite, pour sa compréhension et son éventuelle maîtrise, la connexion de plusieurs disciplines, ce qui vient renforcer la difficulté pour chacun de la concevoir clairement. D'autre part, la catastrophe revêt toujours un caractère imprévisible. Quelque chose se produit qu'on n'attendait pas. Dans les deux cas il y a rupture entre l'horizon d'attente forgé par nos habitudes ou nos certitudes et l'événement lui-même.

Ce premier type d'ignorance et la perte de maîtrise qu'il entraîne ne sont pas pour autant totalement négatifs. Ils nous font mesurer les limites de notre savoir personnel et collectif. Ils stimulent notre curiosité et notre volonté de savoir. Nous devons affronter l'inconnu mais dans le même temps nous sortons d'une zone de confort égocentrique. Les sources d'informations elles-mêmes redeviennent des têtes chercheuses. Le constat d'ignorance est toujours bon à dresser. Il nous sert à nous réadapter en permanence à une réalité qui nous provoque et nous malmène.

Une situation de crise produit un deuxième effet de vérité. Elle nous rappelle utilement la dépendance qui est la nôtre à l'égard des soi-disant experts, des spécialistes et des démagogues. Par paresse intellectuelle, par manque de repères ou d'entraînement, mais aussi parce que la vie nous appelle sans cesse à d'autres soucis, nous déléguons à des experts le pouvoir de connaître et de nous informer sur le contenu scientifique et technique indispensable pour construire une représentation d'un événement. Sitôt qu'une crise se déclenche, une patrouille de sujets supposés savoir vole à notre secours. Des autorités surgissent sus la scène publique pour combler nos lacunes et nous apporter les lumières dont nous sommes privés. Un nouveau problème survient : celui de la communication. Chaque spécialiste parle dans son jargon. L'échange se bloque. La clarté indispensable à la compréhension se dérobe. Nous recouvrons des maux terribles par des mots effrayants. Et cette monstruosité linguistique intervient alors même que nous devons lutter contre l'indicible…

L'obstacle est d'autant plus redoutable que ces mêmes spécialistes ne sont, bien entendu, pas d'accord et mettent leurs avis autorisés en concurrence. Chacun détient la vérité et cherche à annuler celle de l'autre. Des disputes éclatent comparables à celles qui opposaient les étudiants dans les universités du Moyen Âge. Elles sont indispensables dans une démocratie des idées où l'expression doit rester totalement libre. Mais, si souvent biaisées, loin de traduire des intentions inaltérées, elles apparaissent au service d'intérêts rivaux

Le jargon des experts dérive alors dans une étrange *novlangue*, l'anti-langage imaginé par Orwell dans son roman *1984*. Il s'agit de créer ou d'influencer l'opinion au moyen d'énoncés répétés comme des incantations et des mots d'ordre épuisants. La société de la communication a engendré de nouveaux sophistes, des technosophistes, champions dans l'occupation des espaces médiatiques. Leur fonction est moins de nous instruire que nous imposer leur doctrine. Et comme celle-ci est la plupart du temps en concurrence ouverte avec d'autres doctrines, la confusion mentale s'accroît. À l'image de ce qui nous arrive dans les rayons d'un supermarché, où l'offre des produits disponibles déroute, et où notre demande s'anesthésie.

Les sachants eux-mêmes s'engloutissent dans le tsunami des opinions concurrentielles. Qui a raison dans le concert des sommités et la surenchère des autorités ? Qui sauve son image ? Dans ces débats stériles, les spécialistes perdent de leur superbe, ils ne peuvent plus s'en servir comme d'un bouclier. Ils effacent la distance nécessaire qui permet à leur aura de scintiller. Le pire étant sans doute qu'ils défont le lien de confiance indispensable avec leurs concitoyens.

À l'image des interlocuteurs de Socrate, aveuglés par leur supposé savoir et sanglés dans leur vanité, les experts résistent difficilement aux situations de crise. Leurs limites réelles au moins sont dévoilées. Et leurs oracles résonnent dans le vide. Avant la pandémie de coronavirus, on glorifiait les avancées de la technoscience. Les progrès de la biomédecine étaient tels que, dans un avenir à très court terme, on pourrait vivre cent-vingt ans. L'immortalité elle-même relevait du plausible. Rien ne pouvait s'opposer à l'omnipotence infinie des technosciences. Avec la pandémie, les aruspices du transhumanisme ont rabattu leurs prétentions et remisé leurs envolées prophétiques.

La crise sanitaire nous a ouvert les yeux et délavé l'esprit. Les nations les plus riches se sont trouvées sans gel, masque, lits d'hôpitaux, vaccins. Comment était-ce possible dans cette société réputée d'opulence ? Comment accepter une telle situation dans un monde où les chirurgiens opèrent à distance et où l'on photocopie des organes ? Se faire à l'idée que nous devrions rester sans traitement avant longtemps dans une société où tout se désire et s'obtient à l'instant T ? Sous l'effet d'un simple virus, nano organisme létal, pernicieux et mutant, nous nous sommes retrouvés aussi nus que nos ancêtres préhistoriques face à des fauves géants.

Dans la confusion de nos états limites collectifs, nous sommes en réalité au cœur du réacteur de la *doxa*. Les intérêts financiers, les ambitions individuelles, les faux discours qui font la trame des grands récits publics sortent de l'ombre. Les masques tombent de l'infatuation et de la manipulation. La lumière des catastrophes agit comme un néon d'une chambre d'hôpital qui réveille brusquement au petit matin. Elle nous rend notre esprit critique plongé dans le sommeil dogmatique de l'anesthésie médiatique.

Les affrontements homériques entre mandarins de la médecine auquel a donné lieu la pandémie ont pris une telle ampleur qu'on pourrait en faire un véritable cas d'école. Mais ils n'en avaient pas moins un effet salutaire : les intéressés gagnaient en humanité ce qu'ils perdaient en suffisance et, s'ils la conservaient, ils voyaient décroître leur crédibilité. Dans tous les cas, ils trouvaient dans leur propre désacralisation une occasion de redescendre à l'étage des humains.

Le non-savoir apparaît alors comme la meilleure garantie du savoir en même temps que la stimulation du sujet connaissant. Sous son éclairage, c'est le savoir qui passe en négatif et, encore plus, le supposé savoir, la science infuse, qui deviennent absolument nuls, inefficaces et indignes. Aucune science, aucune philosophie n'échappe aux risques du pédantisme et du dogmatisme, mais il est toujours bon de s'en prémunir.

Car le non-savoir permet encore de constater la dimension politique de notre ignorance, le plus souvent inaperçue. Il nous éclaire sur notre dépendance totale à l'opinion commune, construite par les médias et les sources officielles d'information et maintenant par les réseaux dits sociaux. Le doute qui s'installe dans les esprits est, là encore, positif. Il est la marque que chacun peut et doit penser par lui-même, se libérer de la voix et de la tutelle de son maître. Une situation limite nous remet en contact avec notre faculté et notre force de penser. Elle nous réapprend l'autonomie.

Elle met également en lumière aussi notre singulière relation à l'ignorance. Nous nourrissons pour elle une passion inavouable. Et nous n'en finirions pas d'énumérer les travers dans lesquels elle nous entraîne. Nous savons tout des risques qui pèsent sur notre espèce. Ils forment désormais un socle de certitudes en béton armé. Nous savons que la production de l'énergie nucléaire et l'arsenal atomique nous menacent. Nous savons qu'à la fin du siècle, si des mesures draconiennes ne sont pas prises sans délai, la vie sur terre sera compromise. Mais nous ne croyons pas que ces risques puissent devenir effectifs. Certains les contestent, d'autres les dénient.

« Même quand on sait que l'événement redouté va se produire, écrit Jean-Pierre Dupuy dans *La catastrophe ou la vie*, même quand on tient son occurrence pour certaine ou quasi certaine, on n'arrive pas à transformer ce savoir en croyance. On ne croit pas ce que l'on sait. » Ce désajustement fonctionne aussi dans l'autre sens. On ne sait pas tout de ce que l'on croit. Il nous est compliqué de mesurer la part d'inconscience qui irrigue nos certitudes. Nous adhérons à nos opinions jusqu'à nous confondre nous-mêmes avec ce que nous estimons être la vérité. À tel point que certains vont à sacrifier leur vie. La psychanalyse a exploré toutes les parades dont notre psychisme dispose pour refuser d'affronter la vérité en face : résistance, dénégation, déni. Les voiles de l'ignorance sont aussi de notre fait. Nous en sommes les responsables ou tout au moins les causes.

L'ignorance en réalité nous fascine. En elle, nous trouvons une jouissance opaque, paresseuse, l'autosatisfaction de ne pas savoir. « Je vois le bien, je l'approuve, mais je continue à faire le mal », dit une maxime latine. Il en est de même sur le terrain de la connaissance, toujours étroitement lié à celui de l'éthique. L'ignorance est une transgression à rebours. Un renoncement. Une chute et nous aimons jusqu'à nos précipices.

L'ignorance nous dédouane aussi de nos responsabilités ou de notre honte. Quand les drames se produisent, nous les repoussons, nous les évacuons de nos esprits. « Nous ne savions pas » : telle est l'incantation classique des hommes après les génocides et les exterminations. À l'inverse, nous ne voulons pas savoir autre chose que ce que nous croyons. Notre croyance est une attitude exclusive, ségrégative, un absolu profane.

L'opinion commune est notre milieu naturel. Il est impossible de s'en abstraire totalement. C'est pour cette raison que le dialogue socratique souvent n'aboutit pas. L'interlocuteur tient à son opinion comme à sa chair, il refuse d'entrer dans le jeu. L'accouchement tourne à l'avortement. Nous adhérons spontanément et sans réserve à nos opinions, elles sont notre propriété, et notre identité se tisse avec elles, même et surtout quand elles sont fausses ou que nous les devinons, par devers nous, incertaines… Les perdre ou les modifier, *a fortiori* devant l'autre, nous est difficile et parfois même impossible. Nous refusons d'avoir tort ou de reconnaître nos erreurs. Freud a identifié sous le nom de résistance, cette dynamique inconsciente que, dans la cure psychanalytique, l'analysant oppose à la reconnaissance de son désir jusque là inconscient.

Nous sommes attachés à notre ignorance parce que nous l'aimons, parce qu'elle est nouée à notre désir par des attaches secrètes. Le non-savoir vit d'abord de et dans le désir. Et pour cette raison même il est inséparable du sujet. Le non-savoir, socratique ou pas, est cause d'angoisse parce que l'opinion, même et surtout fausse, apporte toujours un réconfort et finalement un bénéfice secondaire. L'endossement d'une opinion commune aussi. Car il est difficile de s'écarter du groupe auquel on appartient, cela implique d'affronter la solitude de la pensée personnelle avec son lest de culpabilité et de risque.

Le dogme est un enduit de rebouchage prêt à l'emploi. La pensée libre, émancipée ne conjure pas l'ignorance, ne la rejette pas. Et l'objectif n'est pas de la combler par un savoir expéditif et fermé, mais de lui donner un sens et de chercher un sens par soi-même. Tel est le véritable enjeu d'une pensée critique qui se libère du poids de l'opinion personnelle immédiate comme de l'opinion commune préfabriquée.

Pour vivre, il n'est pas nécessaire de maîtriser les théories de la biomédecine. Mais un des premiers effets d'une catastrophes est de nous révéler la difficulté de penser ses causes, ses mécanismes et ses conséquences. Le savoir qu'il nous faut pour vivre est infime au regard de celui nécessaire pour saisir ce qui menace notre vie.

Il est vrai que nous sommes sur ce point très vulnérables. Si l'ignorance nous fascine, c'est parce que l'abêtissement nous est sous un certain angle profitable. Malgré toutes nos avancées technologiques et l'évolution de notre néocortex, nous voudrions que nos conduites, à l'instar de celles des animaux, soient guidées par l'instinct et obéissent à des schémas simplistes, des réactions imparables aux stimuli extérieurs. Nous rêvons d'une vie primitive qui nous économiserait l'exercice épuisant de notre liberté de choisir et de la responsabilité qu'elle implique.

Ainsi nous adorons notre bêtise. Nous lui dressons des autels et partout nous célébrons son culte. Et nous prenons plaisir à nous y complaire. La réalité nous est la plupart du temps contraire, quand ce n'est pas cruelle. Nous refusons de la voir en face. Le modèle et la source de cet évitement pourraient bien se trouver dans notre relation à la mort. Vivre nous oblige à nous détourner de la certitude malheureuse de notre finitude. Vivre, c'est refuser de croire ce qu'on sait. Sans la possibilité de cette esquive notre existence serait à la fois épouvantable et stérile. Notre ignorance est jouissance. Mais nous restons encore informés et conscients de nos parades de diversion. Nous en connaissons toutes les impasses et tous les dangers.

Sur ces fondements immémoriaux de l'opinion notre société hédoniste a échafaudé un édifice de valeurs et d'impératifs, une déontologie du divertissement, une obligation à s'abrutir. L'abêtissement, recours non négligeable contre la contrainte morale et les exigences du labeur, devient une fin en soi. Son bénéfice tourne, outre qu'il reste éphémère et superficiel, tourne en boucle sur lui-même. Il finit par enfermer quand il devrait consoler, réguler, libérer.

Nous aurions pourtant tort de ne voir dans nos situations limites qu'une occasion de nous lamenter, de satisfaire nos tendances profondes à la culpabilité et au désespoir. Les crises et les catastrophes sont encore nos peut-être nos meilleurs gourous. En tout cas, il existe une ruse des catastrophes, qui, comme l'ironie de Socrate auprès de ses interlocuteurs, nous force à identifier et à intégrer ce que nous ignorons et à reconnaître ce que nous nions.

Le non-savoir, dont Socrate propose de faire une attitude intellectuelle et un mode vie, n'est donc pas une tare indélébile ni un défaut incorrigible. Certes, nous le constatons à chaque situation de crise, il semble toujours premier et récurrent. C'est un état primitif, passif qui nous est imposé comme une réponse psychologique à l'événement traumatisant. Mais un fois traversé son effet de voile, nous en percevons rapidement les vertus toniques et décapantes. C'est en réalité un remède contre le faux-savoir, qui n'est pas un savoir faux, un tissu d'erreurs, de contradictions ou d'illusions, mais un savoir idiot, un pré-savoir qui attend qu'on lui donne un sens.

Ce non-savoir qui, en premier lieu, nous déroute, joue comme un signal. Quelque chose ne nous convient pas dans les versions officielles, les avis autorisés. Quand nous ne comprenons pas un phénomène, quand nous doutons des récits officiels mis en circulation, cela signifie que notre esprit critique s'active, que nous stimulons une volonté de savoir engourdie. Ce malaise apparaît de prime abord comme déstabilisant parce qu'il oblige à se séparer, non seulement de son opinion première, si l'on en a une, mais aussi de l'opinion commune à laquelle nous nous amarrions. Mais si nous reconnaissons sa charge de refus, notre vertige devient alors notre sursaut, notre première révolte.

La force négative, contestataire, du non-savoir, que Socrate a décelée et sur laquelle il construit son engagement philosophique, nous la retrouvons toujours intacte, disponible dans nos propres situations critiques. Et nous pouvons aussi l'activer dans la vie courante.

Le non-savoir nous ouvre une expérience de perte salutaire. Il permet de se délester d'idées préconçues, de fausses certitudes, de discours creux, de propos approximatifs, de mots d'ordre oiseux. Dans la pagaille et la panique, chacun comprend rapidement qu'il ne peut compter que sur lui-même pour tenter d'y voir clair. Le non-savoir est propice à la prise de recul, à l'analyse de l'information dans son contenu et son expression. Il purifie les tendances spontanées à absorber n'importe quel avis bien communiqué et à nous laisser emporter par le flux des opinions. À les croire vraies parce qu'elles sont dites, médiatisées ou suivies par les réseaux sociaux.

Aspirés au quotidien par des tâches opératoires calibrées, nous avons pris la confortable habitude de nous contenter d'une information prémâchée par les médias. La volonté de savoir s'est rabattue sur la simple curiosité, elle s'est décotée au profit d'autres activités désormais plus valorisantes, consommer ou faire du sport. Engourdis devant nos écrans, nous n'avons qu'à choisir parmi les opinions livrées à domicile. Notre ignorance est devenue si ouatée que nous n'en avons plus conscience. De ce point de vue, une catastrophe, sonne comme un réveille matin.

Ne pas savoir, n'est donc pas un handicap, c'est une force. Il faut accepter d'être ignorant et incompétent pour se mettre en route vers le savoir. Emplis d'une bêtise particulière qui n'a rien du blindage de la stupidité mais qui s'ouvre au savoir possible, qui cherche la vérité. Savoir réclame de l'humilité. Dans la confusion générale que provoquent nos crises, nous prenons pleinement conscience de cette nécessité.

Le savoir socratique, différent du savoir de ce qui est vrai, nous met sur la voie d'un vrai savoir, celui que nous pouvons avoir de nous-mêmes. Nous ne pensons que sur un fond d'ignorance et de bêtise, au-dessus d'un abîme d'inquiétude. Mais penser par soi-même consiste à se réapproprier cette vague d'inconnu et de crainte, à la personnaliser. Ce fond indéterminé, étrange à la fois attirant et angoissant, il nous appartient de lui donner forme. Nous pouvons laisser monter l'inquiétude et la bloquer en nous référant à l'opinion admise. Mais nous pouvons aussi la marquer d'une empreinte personnelle. Il n'y a donc pas de véritable acte de penser sans cette activité de reprise. La pensée est toujours étroitement liée au sujet qui pense et c'est cette liaison que décèle Socrate pour faire de sa philosophie une interpellation individuelle.

L'épreuve nous stimule en ce sens qu'elle nous force à penser, à résoudre les problèmes que nous rencontrons. Elle réveille dans le même temps notre esprit critique, celui qui ne peut se contenter de l'opinion commune, parce qu'elle s'impose à nous lestée de dogmatisme et d'intérêt sous-jacents. Parce qu'elle est source d'inquiétude, elle aiguillonne notre volonté de savoir et défie notre intelligence. Mais surtout, là se trouve l'essentiel, elle nous remet en contact avec nous-mêmes.

Nous pouvons rêver d'un ajustement mécanique aux situations anxiogènes, d'une logique instinctive comme celle que possède l'animal. Nous pouvons imaginer que l'intelligence artificielle résoudra la plupart de nos problèmes. Nous ne réduirons jamais le fond d'inquiétude qui provoque la pensée. Et si, sous l'effet de drogues et de psychotropes, nous y parvenions, alors nous nous priverions de l'unique ressource qui nous distingue des animaux et des machines à penser que nous fabriquons. Nous serions totalement déshumanisés.

Une catastrophe nous reconduit à la source de cette vie qui s'examine, capable de penser et de se penser. Non pas pour dire ce qui est vrai, ce qui est bon. Non pas pour que chacun devienne le savant ou le prêtre de sa vie mais pour qu'il lui donne un sens. C'est là le remède de Socrate, à la fois antalgique et curatif. Le non-savoir renvoie la vie à son propre examen. La vie de l'individu comme celle de la communauté. Cette vie est le premier est le seul savoir qui compte, la seule valeur, l'unique finalité.

La philosophie n'est ni science ni ignorance. Socrate la définit et la pratique comme une forme de passerelle. Le philosophe ressemble au dieu Éros, fils de l'abondance et de la pauvreté, de la jouissance et du manque. Il « tient le milieu entre la science et l'ignorance ». Ce positionnement n'est pas synonyme de neutralité, il ne recoupe qu'en partie ce qu'on appelle le juste milieu qu'on comprend souvent comme une forme de compromis utile ou prudent. Le philosophe socratique n'est pas l'homme du ni ni, pas plus qu'il n'est celui du en même temps. Il s'engage pour la vie.

La vie, dans sa nudité, sa simplicité, n'est pas un concept de biologiste ni de médecin. C'est la propriété de l'espèce et de l'individu. Chacun la trouve en lui sans avoir à la définir, dans une expérience étonnante et fertile où la vie du vivant et la vie pensée se confondent. Et la vie est toujours vouloir vivre, désir de vivre. Nous n'avons pas besoin d'un échafaudage de diplômes pour le savoir et le sentir. Et nous ne pouvons pas non plus l'ignorer.

C'est pour cela qu'elle doit rester le seul critère dans l'analyse de nos crises et de risques. C'est sa priorité qui doit nous guider dans ces temps obscurs. Elle précède les calculs économiques et les intérêts financiers. Cette vie réclame du soin et du temps supplémentaire. Elle veut toujours aller plus loin qu'elle-même. Si nous ne savons d'où elle vient et où elle va, nous pouvons connaître, nous comprenons immédiatement, pour peu que nous souhaitions prendre soin d'elle ce qui l'entrave et ce qui la détruit.

Notre vie, notre vie menacée, n'est pas n'importe

quelle vie, ne se réduit pas à la vie organique ou biologique. C'est une vie qui se sait, qui a conscience d'elle-même. L'une ne va pas sans l'autre, il n'y en pas une avant l'autre, ou au-dessus d'elle. La vie vécue et la vie consciente, pour l'homme, c'est une seule et même vie. C'est à retisser cette unité disjointe que Socrate nous invite. Ses messages sont accessibles et bienveillants : pense par toi-même, garde confiance, ne compte que sur toi pour faire face aux épreuves. La donne qui était la sienne n'a pas beaucoup changé. Nous avons-nous aussi nos démagogues, nos sophistes, nos influenceurs inspirés. Notre univers de pensée n'en a pas fini avec les mythes et les oracles. Mais nous savons que le non-savoir nous ramène à la maison mère de l'humain.

— Aller plus loin —

Pour Montaigne « la perte de l'homme, c'est l'opinion de savoir. » Selon lui, il faut se garder de ce qu'il considère comme notre maladie naturelle et originelle : la présomption de savoir. L'ignorance qui s'ignore en est une déclinaison. Mais aussi la précipitation à se forger un avis. Aujourd'hui, dans le monde des réseaux sociaux, la fabrication de l'opinion, sa manipulation, sont devenues des enjeux à la fois financiers et politiques. Le recours à une pratique active du non-savoir nous est bénéfique. Il est bon de s'abstraire du flux des opinions, de se désintoxiquer des drogues médiatiques. De ce point de vue, la recherche du vide préconisée par les philosophies orientales, dans ses théories et surtout ses techniques peut fournir de précieuses ressources. Mais la critique des faux discours reste le meilleur moyen philosophique pour faire le vide.

On peut pratiquer cette critique avec Jean-Pierre Dupuy : *La catastrophe ou la vie* (Seuil) et tous les ouvrages de ce philosophe spécialisé dans l'approche des catastrophes.

IV

« Connais-toi toi-même. »

→ Une situation de crise nous permet-elle de mieux nous connaître ?

→ Quel sens Socrate cherche-t-il à donner a « connais-toi toi-même » ?

→ En quoi se connaître soi-même est-il une forme du soin de soi ?

→ Qui et que connait-on quand on revient à soi ? Ce retour sur soi est-il une fermeture ou un accès à une réalité plus vaste que le moi individuel ?

→ Quels enseignements pouvait-on tirer d'une expérience aussi exceptionnelle que celle du confinement généralisé déclenché en réponse à la pandémie de coronavirus ? Que nous a-t-elle appris sur notre être social, notre aspiration à la liberté, notre aptitude à la transcendance, notre approche de la mort ?

→ Comment une catastrophe nous apprend-elle nos limites et notre pouvoir ? Réveillerait-elle notre questionnement ? Nous reconduirait-elle au point originel de notre identité humaine ?

Hannah Arendt estime qu'une crise profonde équivaut à une « perte du monde commun. » Tout s'abîme, tout semble aspiré dans cet effondrement. Les croyances et les habitudes, les valeurs et le mode de vie. Nous perdons tous nos repères, nous sommes égarés. Il en va de même avec une épreuve personnelle : elle déséquilibre, oblige à revoir ses certitudes et à se transformer. Individuel ou collectif, le sujet se trouve directement impliqué dans une crise, enroulé par elle dans les plis du non-sens et de la souffrance. Il n'en pas seulement le spectateur passif et un moment ébranlé dans ses émotions. Le sens du monde et la relation que nous entretenons avec lui se dérobent. Mais nous aussi nous disparaissons.

Prenons pour exemple la pandémie de Covid-19 et l'expérience inédite à laquelle elle nous a soumis à travers le confinement au début de l'année 2020. Le socle tout entier de notre culture individualiste s'est brusquement effondré. L'économie, qui donne une finalité à la plupart de nos conduites, professionnelles et consuméristes, s'est soudain vue reléguer à l'arrière-plan. Tout ce qui confère signification et valeur à l'existence personnelle – rencontres, sport, fêtes, vie familiale, achats divers, etc. – a soudain été neutralisé.

La liberté s'est vue réduite au périmètre de l'enclos privé. Égarés, insignifiants, enfermés : tels nous a faits le confinement général.

Ou plutôt tels nous a-t-il révélés à nous-mêmes, dans un rappel aussi brutal qu'incontestable. Nous surnagions à peine dans la dérive de notre univers identitaire. Mais d'autres images annonçaient peut-être un avenir encore pire. Les premières venues de Wu-han, point de départ de la pandémie, montraient le confinement total décrété en Chine pour une ville quasiment aussi peuplée que la région Ile de France. Spectacle impressionnant et comme irréel de tours gigantesques et de boulevards immenses pétrifiées dans un vide inhumain.

Dans une situation de crise, nous ne nous connaissons ni reconnaissons plus, nous devenons comme étrangers à nous-mêmes, présents d'une présence qui ressemble à l'absence. Mais savons-nous bien ce qui nous échappe alors ? Ce que nous avons oublié de nous-mêmes, laissés derrière nous ? Sommes-nous certains que ce qui se joue dans une crise est seulement quantitatif – nombre de victimes, coût financier – ou procédural – renforcement sécuritaire et législatif – ?

Une fois le bloc d'émotion dissout, la pression médiatique redescendue et la vie revenue à la normale, sommes-nous voués à ignorer ce qui de nous voulait se dire dans la crise, à le laisser repartir en arrière emporté par l'oubli et le refoulement ?

***

« Connais-toi, toi-même », c'est le premier message que nous avons retenu de Socrate. Il s'est imprimé dans les couches profondes de la mémoire collective occidentale. Nous l'avons tellement galvaudé que nous ne savons plus très bien ce qu'il signifie. Il n'empêche que nous revenons à lui comme à une balise rassurante dans le brouillard des questionnements. Socrate en faisait l'énoncé central du soin de soi, du soin de l'être, qu'il préconisait.

C'est au cours d'un dialogue avec son ami Alcibiade que Socrate explique ce qu'il entend par « se connaître soi-même ». Alcibiade est un homme comblé ; il est issu d'un haut lignage, riche, beau, cultivé ; il a de l'emprise sur les autres. Il confie son ambition de se lancer dans une carrière politique pour diriger Athènes. Mieux, il entend un jour dominer Sparte, la grande cité rivale, et même soumettre, tant qu'à faire, l'empire perse. Socrate lui fait remarquer que la gestion des affaires publiques réclame des compétences techniques et une connaissance de l'art politique qui repose sur le sens de la justice et de l'utilité publique.

Afin d'aider son ami à réaliser son projet, Socrate le soumet à un examen dialectique destiné à sonder son savoir en matière de politique. Au terme d'un questionnement soutenu, Alcibiade rend les armes. Il reconnaît qu'il ne peut définir ni le juste ni l'utile et qu'il est ignorant dans l'art qu'il prétend exercer. L'interrogation socratique l'a placé dans la même situation de sidération et de non-savoir que la plupart des interlocuteurs du maître athénien : « Par les dieux, je ne sais plus ce que je dis, mais j'ai l'impression d'être dans un drôle d'état, car tantôt je suis d'un avis en te répondant, tantôt d'un autre. »

Socrate lui explique alors les raisons de son trouble. Il lui dit en substance : ton incertitude provient d'une ignorance, de la pire même des ignorances : celle qui s'ignore elle-même et croit savoir ce qu'elle ne sait pas. En clair, tu veux te lancer en politique et tu ignores tout de ses mécanismes et de ses finalités. Il précise avec un humour qu'on pourra trouver d'actualité : « Mais cela ne t'est pas particulier, c'est le cas de la plupart de ceux qui traitent nos affaires. »

Socrate conseille alors à Alcibiade de s'occuper de lui-même avant de s'occuper de la cité, de commencer par prendre soin de lui avant de prendre soin des autres. Alcibiade convient de son ignorance et demande comment il pourrait en sortir ? Comment doit-il prendre soin de lui-même ? Quelle voie doit-on suivre pour se perfectionner ? C'est là que Socrate répond par « se connaître soi-même. »

Socrate emprunte cette formule au fronton du temple de la Pythie sur lequel elle était alors gravée, à Delphes, dans le sanctuaire dédié à Apollon. Les recherches archéologiques n'ont jamais confirmé cette origine. Mais on sait que les oracles de la Pythie glissaient en sous-main les principes de l'éthique grecque à ceux qui venaient les interroger : rien de trop, pas d'excès. Ils remettaient les égarés sur le droit chemin de la modération, valeur suprême qui doit inspirer la conduite des mortels.

L'homme a une place assignée. Il lui faut respecter ses limites et, en toutes circonstances, garder le sens de la mesure. Du fond de ses transes, et dans ses paroles énigmatiques à méditer longtemps, la Pythie appelait finalement les visiteurs à la raison ordinaire. L'existence de cette formule est donc plausible. Mais Socrate utilise le précepte religieux à sa manière. Il l'extrait de son contexte originel, le vide de son halo sacré pour lui donner une portée philosophique.

L'oracle prodiguait donc des conseils de sagesse pratique. Il incitait les hommes à trouver leur place et à y rester, à ne pas se laisser abuser par des fantasmes de divinité ou de surhumanité. Il les invitait à prendre conscience de leur finitude. De la même façon, la réponse que Socrate donne à Alcibiade est d'abord un conseil de prudence. Pour s'imposer devant des assemblées d'hommes libres, convaincre et séduire à la fois par le discours, il faut savoir de quoi on parle et maîtriser les rouages des institutions politiques. Pour diriger une cité démocratique, il faut également rassembler, faire régner l'amitié et la concorde. Qui veut dominer les grandes puissances rivales doit disposer, sur elles, d'informations économiques et militaires. De toute évidence, Alcibiade est incompétent dans ces différents domaines. Une ambition personnelle l'anime aussi vague qu'injustifiée.

Celui qui ne connaît rien à l'art politique, qui ne sait pas faire l'unité autour de lui, celui qui ne s'intéresse pas aux affaires publiques, qui n'a pas la moindre idée d'un intérêt général, est inapte à gouverner. « S'il ignore ce qui est aux autres, il ignorera par là même ce qui est à la cité. » Et Socrate prodigue à son ami ses derniers conseils et mises en garde. Diriger la cité, « ce n'est pas être libre de faire en maître absolu ce qui te plaît », c'est rechercher la justice et la sagesse. Les Grecs abhorraient la tyrannie. Dans leur démocratie, les hommes libres étaient tous semblables et égaux. Socrate avait lui-même une haute idée de l'individu et de la politique. Il incite son ami Alcibiade à revoir son projet afin d'éviter l'échec.

Socrate fait ainsi découvrir à Alcibiade qu'il n'est pas encore prêt, qu'il doit au préalable combler ses lacunes. Il l'oblige à un retour sur soi en appliquant une sorte de Méthode SWOT avant l'heure pour lui permettre d'évaluer ses forces et ses faiblesses, les opportunités et les menaces. Avant de protéger les autres, il doit se protéger lui-même ; pour les diriger, il faut qu'il se dirige lui-même ; s'il veut être le meilleur, qu'il s'attache à le devenir. Comme il est loin du niveau requis, qu'il ne dispose pas de l'éducation nécessaire et qu'il se trompe au bout du compte sur lui-même, Socrate lui conseille de commencer par s'occuper de lui-même avant de s'occuper des autres. S'occuper de soi, selon Socrate, c'est d'abord revenir à soi dans le but de se connaître pour mieux conduire sa vie et atteindre ses objectifs. La sentence a donc une portée pratique.

Mais le questionnement se prolonge sur une autre voie. Que faut-il entendre par ce « toi » et ce « soi » ? Qui connaît et quel l'objet de sa connaissance ? Le sujet de la connaissance n'est pas un corps, ni même l'assemblage d'une âme et d'un corps qui définit l'être humain. C'est l'âme et seulement l'âme. « Celui qui prend soin de son corps, prend soin de ce qui est à lui mais non de lui-même. » Après la première équation s'occuper de soi, c'est se connaître soi-même, une seconde identité est posée : se connaître, c'est connaître son âme. Le sujet et l'objet de la connaissance se confondent quand on considère l'âme en elle-même, quand on l'extrait de sa relation à un corps.

Du « toi », Socrate passe à l'examen du connaître en tant que tel. Comment définir la connaissance de cette relation à soi que l'âme exprime et donne à vivre ? Se connaître, c'est s'orienter vers une région particulière de l'âme, celle qui est douée de raison. Celle « dont dépendent les choses qui sont à soi et celles qui dépendent de ce qui est à soi ». S'occuper de soi, se connaître soi-même, c'est se tourner vers ce qui dans l'âme est capable de l'éclairer. De lui donner la lumière nécessaire pour comprendre, savoir et agir. De l'ouvrir à la vision de cette sagesse que les dieux possèdent et dont les hommes sont dépourvus. C'est pourquoi, cette partie-là de l'homme, cette zone d'appartenance propre, Socrate la qualifie de « divine ».

Pour rendre plus accessible cette connaissance de soi, si curieuse en apparence, Socrate a recours à une analogie. Il la compare à la vision. Un œil, explique-t-il, ne peut se voir lui-même que dans un miroir ou dans l'œil d'un autre homme. Il lui faut un support physique ou corporel extérieur à lui pour constituer son image. Le même dispositif réflecteur est à l'œuvre dans la connaissance. L'âme s'aperçoit, elle saisit son essence intellectuelle et spirituelle dans le reflet qu'un interlocuteur lui renvoie. Il ne s'agit plus d'une image personnelle, de ce que nous appellerions « une image de soi », mais de la pensée elle-même qui se constate dans la pensée d'un autre. Qui se construit et se déploie dans l'échange avec la pensée d'un semblable.

La connaissance est une mise en regard. Se connaître, c'est s'inscrire dans une médiation originelle, ancrée, non pas dans une identité repliée sur elle-même, mais ouverte à l'altérité, et cette altérité est d'abord interne. D'où l'importance pour Socrate du dialogue avec l'autre, condition même du fonctionnement de la connaissance. Ce dialogue est d'ailleurs originel, il est à la source de la vie qui s'examine, il est la loi même de son fonctionnement. L'âme est un opérateur de médiation, de réflexivité. Elle est échange avec elle-même, communication. « La pensée est un entretien de l'âme avec elle-même. »

L'âme est séparée du corps, mais elle n'est pas pour autant une entité intellectuelle, une pure substance. Nous aurons l'occasion de revenir sur la structure de l'âme, assemblage de raison, d'énergie et de désir. Socrate et Platon n'ignorent pas que l'âme est vivante, qu'elle s'insère dans un organisme, que des pulsions et des passions la meuvent et qu'elle agit dans un monde. Pour l'heure, Il nous suffit de nous focaliser sur son pouvoir de médiation. L'âme est l'opérateur de la vie qui s'examine elle-même. Elle le lieu où la vie revient à soi, se considère, se prend dans une relation. Qu'elle se tourne vers elle-même ou se cherche dans le dialogue avec d'autres, qu'elle soit introversion ou extraversion, l'âme pénètre dans l'espace de l'intelligible, de ce qui appartient à tous les hommes de manière égale, qui leur est commun : la lumière universelle de la pensée.

La discussion avec Alcibiade sur le « connais-toi toi-même » ne conduit pas à la découverte de ce que nous appelons un moi. L'injonction socratique n'est pas une invitation à s'introspecter pour explorer un monde intérieur qu'Alcibiade aurait méconnu ou fui. Rien n'est dit dans le dialogue sur le caractère d'Alcibiade, sa psychologie intime. Socrate l'oriente, au contraire, vers une réalité vide de tout ego. On pourrait considérer l'âme socratique comme une tension trop forte pour le commun des mortels, avancer qu'elle est inhumaine ou surhumaine. Mais en même temps, elle s'affirme comme une disposition à la relation et au dialogue, comme une ouverture à l'universel de la raison.

L'âme dont Socrate parle, celle dont il faut prendre soin, n'est pas pour autant une substance hors sol, un ectoplasme flottant au-dessus des hommes. Elle est indissociable de son milieu humain, elle est engagée dans l'action et cette action intervient dans un espace public même si elle se prépare dans un jugement personnel. Le « connais-toi, toi-même » est un donc un principe éthique que nous mettons aujourd'hui encore en application. Sans cesse nous réfléchissons à ce que nous allons faire. Comment préparer le deuxième trimestre à venir ? Comment présenter son projet à une équipe ? Notre réflexion n'a rien d'une rêverie fumeuse et inutile, elle prémédite les situations concrètes, pour réduire leur incertitude, et construire un plan qui est à la fois vision et appel à l'action. De cette réflexivité éclairante, chacun est responsable, comme il l'est de ses actes devant les autres. Il lui revient de la pratiquer, de la faire croître et rayonner.

Nous réfléchissons aussi à l'action terminée. Pour dresser un bilan, analyser nos erreurs et nos performances, avec ce que l'expérience a apporté d'imprévu, éliminé de préjugé. Le retour sur soi n'est pas un enfermement égotiste, c'est une composante essentielle de l'action, c'est le temps intérieur qui la précède et la suit, c'est le projet pensé que l'action réalise et actualise.

Si la pensée consciente construit l'action, elle construit également l'acteur. Et pas seulement sur le plan pratique. Elle le réalise, l'accomplit en tant qu'acteur certes, mais elle l'institue aussi en tant qu'auteur, que créateur responsable de sa conduite et de ses faits et gestes. Nos actions et nos comportements s'enroulent toujours dans un système de valeurs selon lequel nous avons une idée de ce qui est bon ou pas, de ce qui doit être fait ou non, de la manière dont il faut le faire. Et c'est dans son contexte que nous sommes évalués par les autres.

Deux siècles avant Socrate, les Pythagoriciens avaient donné à cette réflexivité active une dimension éthique et thérapeutique. Les membres de leur communauté pratiquaient l'examen de conscience avant de s'endormir. Il s'agissait pour eux de repasser le déroulé de la journée et d'identifier les écarts commis au regard des règles de vie pythagoriciennes. Le but était de se purifier par un travail de remémoration, de mise en perspective et de critique.

Dimension éthique du « connais-toi toi-même », dimension politique aussi. Il n'est pas anodin que la question de l'identité de l'âme soit abordée à l'occasion d'une discussion sur les ambitions politiques d'Alcibiade. L'âme personnelle et l'âme citoyenne se confondent. Si l'âme socratique annonce la personne, le moi, tels que nous les connaissons, elle ne peut être identifiée à eux. Elle s'enchâsse dans l'existence d'un homme libre, associé à la conduite des affaires de la cité et engagé dans le processus de décision qui protège celle-ci et détermine le bien commun.

Enfin, et c'est le dernier étage de la construction socratique, l'âme a un destin spirituel. Le questionnement sur elle-même la conduit à se situer dans un monde structuré, un cosmos, pour y trouver sa place. Pour occuper une zone intermédiaire entre les autres vivants, dépourvus de raison, et les dieux, seuls dépositaires de la forme ultime de la raison : la sagesse. Différente du corps, consciente de sa finitude, l'âme peut encore s'interroger sur l'énigme de la vie, tenter de lui donner un sens. La philosophie de Socrate sépare l'âme du corps, mais elle ne méprise jamais ce dernier, elle imagine un autre destin que celui de la décomposition physique ou du mythe de l'au-delà qui condamnerait l'âme à une errance fantomatique. L'âme, mortelle pendant la phase de son existence physique participe d'une réalité immortelle. Même au seuil de la mort, comme celle de Socrate, elle se donne encore du temps de vie sous la forme de l'éternité. Dans cette vocation pour la transcendance s'affirme encore un vouloir vivre invincible.

Le retour sur soi socratique, indépendamment des modulations spécifiques liées à une époque et à une culture, si éloignées des nôtres, constitue la première étape d'un cheminement philosophique, tissant étroitement conception du monde et mode de vie, dont l'intention reste de donner un sens à l'existence. Il s'appréhende comme une connaissance. Mais celle-ci n'a rien d'un énoncé scientifique ni d'un dogme religieux. Elle révèle l'homme à lui-même. L'homme est l'être du connaître, il possède une raison qui l'arrache à sa subjectivité, à ses désirs et ses passions, pour l'ouvrir à l'universel, espace de dialogue et d'échange possible. Dans l'usage de sa pensée consciente, l'homme se sépare de sa vie sensible immédiate, il a un pouvoir de recul, de jugement, d'évaluation de soi par soi. Il fait le tri dans ses représentations, il hiérarchise ses intérêts.

La discussion avec Alcibiade en apporte l'exemple, ce qui est le plus important à connaître pour cet aspirant dirigeant, ce n'est pas son corps, ses richesses, sa capacité à séduire, c'est son âme, c'est la partie rationnelle de son âme. Dans la « thérapie » socratique, en ce sens si proche de la médecine hippocratique qui incitait les hommes à se soigner par eux-mêmes, l'individu trouve en lui la faculté de se recentrer et de se réunifier. L'âme est à la fois le plateau de scène, le script et l'acteur de la vie qui s'examine. Dans le retour sur soi l'âme découvre avec étonnement son identité dynamique, ouverte et plurielle. Elle découvre et explore sa propre altérité, elle se familiarise avec l'étrangeté de sa double relation, avec soi d'abord, avec les autres âmes ensuite. Étrangeté originelle féconde, source d'étonnement dans le rapport à soi d'abord, puis de reconnaissance dans le rapport aux autres. Par un jeu subtil de retournement l'âme, dans son identité même s'initie à l'altérité. Mais dans son ouverture à l'autre, elle découvre le champ de la raison, commune et identique pour tous.

Ces découvertes ne sont pas spontanées, elles résultent du soin que l'âme apporte à elle-même. Sans l'exercice du questionnement qui l'éclaire sur son essence et son potentiel, l'âme éprouve des difficultés à se reconnaître elle-même. Dans *La République,* Socrate compare la rencontre de soi à celle qu'on ferait du dieu marin Glaucos, dont le corps disparaît sous une couverture de coquillages, d'algues et de cailloux. Un long séjour sous les eaux l'a rendu méconnaissable. Singulière mise en miroir qui, dans la concrétion qu'elle opère me fait monstre bizarre, nimbé de « l'inquiétante étrangeté » freudienne.

Il faut aussi le long détour du dialogue et sa pratique quotidienne, consentie et ouverte, pour que les hommes oublient leurs certitudes, leurs idées toutes faites pour chercher ensemble la lumière de ce dont ils parlent et qui les préoccupe. C'est dans leurs échanges que s'abrasent les incrustations du moi-Glaucos et que peut réapparaît son visage premier.

Vers une partie de soi plus grande que soi, vers un système social où des hommes libres et égaux définissent ensemble leur mode de vie, vers un cosmos où elle partage la vie avec d'autres vivants, vers le monde divin qui tire sa dynamique vers le haut, vers tout ce qui est bon pour elle du plaisir charnel aux plus hautes activités de l'esprit, vers un au-delà où elle espère encore vivre, l'âme socratique ne cesse d'être en route. À la différence de notre moi englué dans sa vie immanente et enfoncé dans son existence, l'âme socratique est toujours rappelée à sa vocation originelle : la transcendance.

***

Nous connaissons nous nous-mêmes ? Pratiquons-nous le soin de soi auquel Socrate nous invite ? Certes, nous disposons à ces fins d'une large gamme de techniques : psychothérapies, développement personnel, méditation en pleine conscience, groupes de discussion, pratiques spirituelles, yoga, etc. En les pratiquant, on peut apprendre à se connaître, à délier les nœuds de son histoire, à explorer les zones d'ombre de son désir, à adapter son comportement à la norme en vigueur, à se réassurer, à sortir des limites de son moi. Mille voies sont possibles, mille méthodes sont proposées. Pour le meilleur et parfois pour le pire. Le soin de soi est lui aussi devenu un immense marché, au même titre que la médecine ou l'art. Avec les dérives inhérentes à la situation.

Ces différentes techniques font de l'individu à la fois le point de départ et l'arrivée de leur théorie et de leur procédure. Les plus séduisantes laissent à penser que l'individu peut, grâce à elles, se sculpter lui-même comme une statue de marbre à laquelle on rendrait ensuite un culte secret.

Calibrées dans un moule utilitariste, ces pratiques traitent un sujet, un moi, une personne, un acteur, mais laissent de côté l'individu en tant qu'être humain. Elles négligent ce qui fait l'être même de cet individu. Il n'est pas contestable qu'elles puissent réparer en surface les dégâts de la normalisation en cours ou desserrer l'emprise de l'éthique dominante. Mais le soin de soi actuellement proposé et pratiqué ne vise finalement qu'à nous adapter, à nous rendre conformes aux attentes d'un système où le moi est supposé souverain. Or le soin de soi, la connaissance de soi font émerger des problématiques qui, non seulement échappent à tout ce qui cimente l'idéologie individualiste, mais de surcroît viennent les contester. L'expérience que chacun fait de lui-même est plus complexe et plus contradictoire.

L'intérêt de ces pratiques, au-delà des effets de mode, reste de nous révéler un besoin essentiel de recentrement. Chacun de nous est un individu, le centre d'un monde qui n'a de signification, d'orientation, de sensibilité que par rapport à lui. Mais ce monde loin d'être un environnement inerte, agit sur le point focal que nous sommes, l'interpelle, lui résiste, l'agresse parfois. Il est donc légitime que, emportés par le flux de l'existence et des soucis qu'il génère, nous cherchions toujours à nous recentrer. La vie d'aujourd'hui accentue le décalage, elle découpe le temps et l'espace, fractionne le vécu, fragmente l'attention et les intérêts, si bien que notre moi se trouve atomisé. C'est cet être éclaté, exilé, toujours à la recherche de foyer et de point d'appui, qu'une crise, qu'elle soit épreuve individuelle ou tragédie collective, vient frapper.

Chaque crise personnelle, chaque catastrophe a sa dialectique et ses enfantements spécifiques. Prenons pour exemple, l'expérience, inconnue jusque-là, du confinement à laquelle nous a soumis la pandémie de Covid-19. Elle nous a donné l'occasion d'un long et profond retour à soi, à la fois personnel et général. Enfin délestés des contraintes immédiates du travail et de son stress, des impératifs d'une consommation intensive, nous pouvions nous livrer sans réserve à une introspection soutenue, à un inventaire intime en toute franchise et honnêteté.

Chacun avait tout loisir de penser à sa vie, dresser des constats, prendre peut-être des résolutions, voir ce qui constituait vraiment l'essentiel pour lui. Le temps lui était donné – rendu – pour revisiter les fondamentaux énigmatiques de son identité, pour mieux comprendre comment fonctionne ce moi, objet d'un culte si passionné et cible de tant de convoitises. Chacun en toute liberté pouvait soigner les illusions coriaces qui, à notre insu, dirigent notre vie.

Pour désigner cette situation inédite, le langage techno-politique a remis à la mode un mot tombé en désuétude et peu usité : confinement. Le terme n'était pas évident à accepter. L'usage courant parle d'air confiné pour exprimer une atmosphère morbide à renouveler d'urgence. Le choix d'un tel mot pouvait prêter à confusion dans le cas d'une épidémie. Un ministre de la Santé, médecin de surcroît, a fini par tomber lui-même dans ce piège langagier…

La proximité phonétique de confinement avec « confire » et « confit » nous entraînait vers la connotation d'une macération forcée dans l'inactivité. Nous risquions de tomber confits en solitude comme le bigot en dévotion. « Confire » est formé avec deux mots latins, *cum* (avec) et *facere* (faire). « Faire avec », c'est bien ce qui nous attendait. Accepter la situation, affronter l'épreuve. Pourtant, confiner dit bien autre chose. *Finis* en latin, c'est la limite, la frontière. Confiner, c'est enfermer, limiter.

Bloqués à la maison, nous étions enfin à demeure ontologique. L'occasion nous était enfin donnée d'opérer ce recentrement dont tout habituellement nous détourne. Notre moi dans son identité la plus immédiate et la plus intense, est-il autre chose que cette instance à laquelle tout se réfère, vers laquelle tout converge, le monde, les autres, les dieux et jusqu'au moi lui-même dans son rapport à soi conscient et ressenti ? L'expérience de soi la plus ordinaire et la plus universelle nous apporterait-elle une autre vérité que celle-ci, aussi fulgurante qu'incontestable ?

Avec le confinement, toutes les conditions étaient réunies pour que le moi trouve enfin dans la paix des maisons le décor propice à sa réunification rendue, pensait-on, impossible par notre mode de vie. Tout semblait s'agencer pour qu'il récupère sa force d'attention et guérisse de cette dispersion fatale que provoque les tentations captatrices organisées à des fins commerciales. Pour qu'il puisse se concentrer sur soi et retrouver le chemin de l'instant présent dont il est sans cesse détourné, temps du moi par excellence selon les philosophies antiques comme les gourous contemporains de la temporalité.

Pourtant ce recentrement personnel, impossible dans le torrent de la vie courante, et que nous pouvions enfin nous réapproprier, sous de multiples formes

– méditation, gymnastique, art, cuisine, etc. toutes pratiques relevant du soin de soi – nous est rapidement apparu comme aussi insuffisant qu'insatisfaisant.

Le rapport à soi s'en trouvait bouleversé. Nous avons pris l'habitude de voir dans notre identité, une réalité à la fois concrète, fixe et autodéterminée. Une norme obsédante, une doxa superficielle mais contraignante, nous fait confondre moi et identité. La seconde donne une consistance au premier, le fait exister comme un corps, une chose, quand ce n'est pas comme une marchandise. Il faut la construire, la soutenir devant les autres. Donner aussi à notre fétiche intime, la solidité et la limpidité du marbre, de telle sorte qu'elle reste la même, figée une fois pour et toujours égale à elle-même. Bien entendu, nous n'y parvenons pas et ce repli du psychique sur le matériel, de la liberté d'être soi sur la norme d'être quelqu'un, est source de culpabilité et d'insatisfaction.

Comme toutes nos expériences négatives – la souffrance affective, d'amour, le deuil, la maladie, l'échec – le confinement nous a montré la fragilité et la facticité d'un tel modelage psychologique. Chaque jour un peu plus, ceux qui s'y trouvaient réduits, découvraient dans le confinement l'occasion, non pas d'un rendez-vous avec son moi, mais d'une rencontre avec un inconnu dont la silhouette fuyait d'un miroir à l'autre de l'appartement.

« Vivre, c'est être un autre. », nous glisse Fernando Pessoa, dans son *Livre de l'intranquillité.* Le Narcisse auquel on voulait nous réduire -et qui demeure en nous …- ne se reconnaissait plus. Coupés du monde habituel, rendus à nous-mêmes, nous n'étions plus réels mais possibles. Des rêveries, des projets, des variations. Et il nous devenait malaisé de faire le lien, d'assembler ces masses nuageuses en mouvement qui tenaient lieu et forme de moi. Dans notre intimité, il nous fallait cohabiter avec un étranger. Et c'est au moment où nous adoptions un masque, que s'imposait cette reconnaissance d'une altérité constitutive de notre identité…

Rien dans notre moi n'échappe à une énigmatique division. L'expérience qu'on peut en faire n'est pas celle d'un corps ni d'une image. Elle s'enroule dans des contradictions et des réfutations infinies. Nous serions prêts à mourir pour notre moi et nous le refusons quand nous pouvons le vivre. Tout dans la vie d'un moi relève d'une dualité insoluble. Le confinement, nous réapprenait à vivre avec notre moi, mais la complicité n'était pas évidente. Variable et changeante, tantôt bonne, tantôt exécrable, un jour ennuyeuse, un autre excitante. Paul Valéry l'avait repéré : « Un homme seul est en mauvaise compagnie. »

Quelques jours de confinement ont suffi pour surligner la leçon qu'on pouvait tirer de son expérience : la relation que nous entretenons avec nous-mêmes est tout sauf claire et droite. Que notre moi existe, c'est une évidence première à laquelle nul ne peut échapper. Et pourtant, ce moi ne cesse de paraître insaisissable. Quand nous croyons enfin le cerner, il prend la silhouette d'un étranger. Et la cohabitation avec cet inconnu n'est jamais simple ni apaisée.

La formule socratique du « connais-toi toi-même » annonce dans son énoncé même un hiatus que rien ne peut recoudre définitivement. Il est nous est impossible de nous connaître. Nous ne pouvons pas nous connaitre parce que nous ne sommes pas des choses du monde, ni des réalités abstraites ou artificielles. Socrate d'ailleurs, dans l'âme telle qu'il la définit pour Alcibiade, ne saisit rien d'autre en définitive qu'une tension sans contenu.

Double, divisé, étranger, inconnu mais aussi inexorablement hanté par les autres. Dans le périmètre restreint de nos espaces privés, dans l'exiguïté de cette identité si trompeuse, un autre monde plus vaste que nous s'ouvrait et nous appelait. Loin de nous satisfaire de l'autarcie offerte, nous la refusions, nous l'exécrions. Nous ne rêvions que des autres, de famille et d'amis. Nous regrettions les restaurants et les terrasses de café, les stades et les salles de concert, tous les lieux de rassemblement et de convivialité. Le confinement nous renvoyait avec l'éclat d'une gifle la réalité de notre être communiquant, relié au grand réseau d'amitié et de solidarité sans lequel un individu ne peut vivre ni survivre. L'individualisme infantile qui nous tient lieu d'idéologie trouvait là un violent démenti. L'essentiel, ce n'est pas moi, il ne réside pas en moi, mais dans mon être social. Celui-ci peut perdurer sans moi. L'inverse est impossible. Les piliers de la culture narcissique à laquelle tout nous accroche s'effondraient les uns après les autres.

Il est reconnu que le désir est toujours désir du désir de l'autre. Il suffit qu'un autre convoite une chose pour qu'aussitôt jaillisse l'envie de la posséder. Et même sans objet concret, le moi, éperdu de reconnaissance, se veut cible du désir de l'autre et cherche à le maîtriser croyant parvenir à ses fins. Mais notre désir n'est-il pas aussi désir de l'autre, c'est-à-dire de sa présence, de sa participation ? N'avons-nous pas, greffée sur notre désir, ou insérée en lui, une force motrice qui nous pousse vers les autres et qui nous désigne comme être éminemment social ? Davantage que des rivaux à éliminer, les autres ne sont-ils pas des compagnons d'existence ? Plus que les dépasser dans une compétition ouverte, n'avons-nous pas à nous dépasser vers eux ?

Derrière les vapeurs du mot, le véritable enjeu de l'épreuve se dévoilait rapidement. Nous avions à penser un moment qu'on aurait qualifié de surréaliste s'il ne s'était lesté de souffrance et de mort. Il nous conduisait au bout de nous-mêmes, dans une région d'expérience inattendue et déstabilisante, où, loin de nos tracas ordinaires, nous retrouvions nos contradictions et nos faiblesses. Le mot « confinement » est de la même famille que celui de « confins ». Ce voisinage sémantique nous oriente vers le véritable enjeu de la situation. Nous étions plongés dans une véritable situation limite.

Le confinement nous a entraînés encore sur une autre piste, plus métaphysique celle-là. Confinement et infini : les mots sont parents. Mais, plus le premier durait, et plus il nous dirigeait vers le second. En temps normal, l'infini ne fait pas partie de nos préoccupations immédiates. Chacun se voue à ses affaires, dans la sphère bornée de son travail, de sa famille et de ses intérêts. Il faut la nuit des étoiles à la plupart d'entre nous pour que l'immensité de l'univers, son mystère et sa beauté, nous effleurent l'esprit, le temps d'un soir d'été. C'est comme si l'infini, l'éternité, l'absolu et toute une chaîne brillante d'idées grand format, restaient compatibles avec notre vie ordinaire si exiguë. L'infini nous dépasse, il est surhumain.

Sous l'effet d'un confinement qui nous libérait des soucis de l'activité professionnelle, l'inhumanité de l'infini s'est immiscée dans notre vie. Sous la forme de l'infiniment petit d'un virus aussi invisible qu'angoissant parce que doué d'une puissance destructrice planétaire. Notre égocentrisme d'espèce et d'individus n'y a pas résisté.

Alors, nous estimant maintenant peu de chose, enclos dans la conscience de nos limites, nous avons tourné nos regards vers un autre infini, aux couleurs de mystère, de doute ou d'incompréhension, dont nous cherchions le visage dans le ciel sans fond. Et cela alors même que les cultes et les grandes cérémonies faisaient relâche, les autorités religieuses respectant partout les consignes sanitaires.

Mais qu'est-ce que l'infini ? Dans nos discussions satellitaires, cette amie soulignait qu'on ne peut le connaître, que s'il reste sourd à nos appels, c'est peut-être pour notre bien ou parce qu'on ne sait pas entendre ses messages. Un autre suggérait qu'il est toujours derrière nous comme un mur invisible auquel on serait adossé. Existerait-il une infinité d'infinis ? L'infini ne serait-il que la projection d'une subjectivité ? L'infini se compliquerait alors singulièrement…

Pascal, grand sondeur d'infini, fournit quelques balises. Il nous invite à distinguer trois ordres d'infini. Celui des corps, disons de la nature et de l'univers. Celui de l'esprit, qui peut connaître le précédent et qui est conscient de lui-même. Celui enfin que Pascal, en bon chrétien, nomme infini de la charité, terme équivalent à ce que nous nommons amour. Ils s'emboîtent comme des poupées gigognes, le dernier englobant les deux autres.

La petitesse et la fragilité de nos corps dans l'univers, la liberté sans limite de notre esprit, et l'amour, sous toutes ses formes, y compris sous celle, négative, du manque : c'est bien ce que nous retrouvions dans la nudité de notre confinement. Celui-ci a dû se prolonger alors qu'il nous semblait déjà au départ durer une éternité. L'infini nous rendait temporairement un peu plus grands… Nous nous ouvrions, sans l'avoir recherché, dans un glissement léger mais certain, à ce dont notre culture matérialiste nous détourne : la transcendance.

L'expérience du confinement nous a également reconduits à la vérité indépassable de notre condition : la mort. Une vulgarisation hâtive des avancées de la science et de la technique nous assurait d'une immortalité tangible et d'une longévité accrue avec tant d'impétuosité que nous avions fini par y croire. Le philosophe Jankélévitch estime que face à la mort, nous oscillons « entre sieste et angoisse. » À trop écouter les prophètes de la Silicon Valley, nous avions ajouté à ce mouvement pendulaire l'illusion de lendemains qui chantent. La mort faisait à notre table un retour violent et triomphal.

Létalité, mortalité, accroissement quotidien des décès, descriptions médicales effrayantes des détresses respiratoires que l'inflammation virale provoquait. Un climat anxiogène formait comme un deuxième cercle d'enfer autour du confinement. Des proches, des voisins disparaissaient. Le virus bousculait une des pratiques fondamentales du comportement des hommes : on ne pouvait plus accompagner les défunts à leur dernière adresse ni entourer les familles.

Il fallait vivre dans le voisinage de la mort. Dans sa proximité invisible et possible. La mort pouvait venir de l'insoutenable légèreté d'une particule invisible, en suspension dans l'air. D'un anti-phénomène venu des lisières du vivant, d'une trace errante qui cherchait un hôte pour vivre en le tuant. Et c'est ce drone biologique aussi furtif qu'explosif, qui détruisait le monde humain laissé sans arme ni protection. Les défenses immunitaires, non seulement ne résistaient pas à son intrusion, mais c'est leur emballement même qui causait la mort.

Ambivalence sidérante, le mal venait donc à la fois de l'extérieur et de l'intérieur. Un séisme, un accident, un attentat, sont des événements qui nous arrivent. Avec l'épidémie, la mort surgissait du dedans de l'espèce. Le virus combinait le mal endogène et le mal exogène. L'étrangeté de la situation nous tendait le miroir ultime du « connais-toi, toi-même. » La mort n'arrive qu'à des vivants. Certes, mais elle n'est pourtant pas la vie et ne confond jamais avec elle. Dans son infinie puissance négatrice, la mort nous renvoie donc toujours à la volonté de vivre. Et le vivant, *a fortiori* le vivant « qui s'examine » et veut vivre. C'est cette force exclusivement positive, totalement étrangère à la mort, consciente d'elle-même qui soutient notre existence et lui donne un sens. Se connaître soi-même, c'est se connaître et se vouloir vivant.

Dans la confusion inédite du confinement une autre ligne de réflexion et de fracture s'est ouverte. Toutes ces restrictions, précautions, dérogations, nous étaient insupportables. L'occasion nous était donnée de nous questionner sur notre liberté, cette liberté que nous revendiquons autant que notre moi. Libre ? Que signifie ce mot aujourd'hui ? Avant le confinement, quand nous disions liberté, nous croyions savoir encore ce que le mot voulait dire. Nous pensions avoir conjuré les puissances archaïques de la fatalité et du Destin. Et, dans un système démocratique qui fait de la liberté une valeur dominante, chacun se croyait libre de faire et de dire ce qu'il voulait.

D'ailleurs le débat s'est rapidement ouvert : fallait-il sacrifier toutes les libertés à la sécurité sanitaire ? La liberté de travailler, celle de faire la fête ne sont-elles pas supérieures à celle d'un confinement consenti ? *A contrario* on a pu constater que la liberté suprême, la liberté d'expression, tout au moins dans les premières semaines du confinement, elle aussi devenait secondaire. Exprimer son opinion, critiquer devenaient secondaire. La priorité était de sortir, de rencontrer les autres. Le silence régnait dans la sphère politique comme dans la rue. Le virus nous privait de parole.

Nous avions sans doute oublié que la liberté n'est ni pensable ni réalisable sans un lest de contraintes et de responsabilités. La liberté n'est pas une attitude de confort, une panoplie de désirs personnels, c'est une aspiration irréductible. Dans ce confinement interminable, et qui allait se reproduire, si je voulais être libre, c'est parce que je l'étais déjà. La liberté se présuppose. Elle nous précède. Elle se confond avec notre être.

Cette liberté-là, essentielle, ne se laisse pas enclore dans un quant à soi dont toutes les limites deviennent aveuglantes par temps de catastrophe. Elle pousse l'individu vers les autres, elle se vit en communauté. Elle reste inauthentique et incomplète si elle n'a pas de sens, si des hommes semblables et égaux, à l'image des concitoyens de Socrate, ne lui donnent pas une valeur. Une liberté sans finalité n'est qu'une liberté minérale, elle n'a plus rien d'humain. « Libre de quoi ? Demande-toi plutôt libre pour quoi ? » Pourrions-nous répondre à ces interrogations de Nietzsche ?

La catastrophe sanitaire et son confinement hors norme conduisaient en tout cas à les poser à nouveau, à rouvrir ce questionnement. Car, au fond même de toutes les contraintes, il reste l'essentielle, celle des hommes libres toujours obligés de s'interroger sur leur propre liberté. Que la liberté à la fois suppose la vie et trouve en elle sa finalité, parce que l'une et l'autre sont indissociables, c'était un autre message de l'épidémie.

Divisé, social, libre. Tels nous faisait en définitive le confinement. Et si nous étions attentifs à cette étrange situation, elle nous rappelait notre énigmatique condition. La tâche infinie d'un individu qui doit toujours donner sens et valeur à son expérience singulière autant qu'aux événements collectifs auxquels il participe.

Pour décrire une catastrophe nous utilisons souvent le terme d'apocalypse. Avant qu'il ne reçoive sa connotation évangélique chrétienne de fin du monde et de révélation ultime, le mot vient d'un verbe qui signifie découvrir, au sens de faire apparaître, mettre en lumière, ne pas cacher. Une catastrophe est toujours l'occasion pour les hommes de se délester, ne serait-ce que temporairement, de quelques illusions, de faire le tri entre celles qui aident à vivre et celles qui détournent de l'essentiel.

En même temps qu'il nous a enfermés, le confinement nous a ouvert l'espace d'un retour à soi inédit. Il ne donnait pas sur une cour intérieure où nous pourrions nous abriter ou nous enfouir. Il montrait dans toute son amplitude l'horizon d'un « connais-toi, toi-même » à usage des temps présents.

Pour Socrate, le retour à soi n'était pas l'exercice, plus poussé que d'ordinaire, d'une réflexion purement intellectuelle. Ce n'était pas la clé d'une psychologie introspective. C'était la voie d'accès, dégagée sur fond de crise des valeurs de la cité, à ce qui essentiel pour l'homme.

C'était aussi le socle d'une position éthique face au malheur, d'une thérapie de ce qui nous accable. Le « connais-toi toi-même » n'a pas sa fin en lui-même, il s'inscrit dans un soin de soi beaucoup plus large dont il n'est qu'une déclinaison. En y recourant comme à un remède, nous nous consolons, nous nous redonnons le sol et les appuis nécessaires pour faire face. C'est quand l'homme revient à lui-même qu'il reprend confiance et qu'il peut faire face. Au cœur de l'enfer viral et des brumes du confinement, nous pouvions trouver les conditions de notre rétablissement.

— Aller plus loin —

La vie courante nous fragmente et nous diffère sans cesse. Mille distractions mais aussi mille impulsions numériques votre attention et émousse notre capacité de concentration. Il est donc salutaire de revenir à soi pour en retrouver à la fois l'usage, le pouvoir et le plaisir de la vie intérieure ainsi l'exercice de la pensée. Il ne s'agit pas pour autant de se perdre dans un labyrinthe de solitude et d'intimité. La voie vers soi-même conduit en réalité à l'être social, à tout ce qui nous élargit et nous sublime, à notre identité universelle et notre transcendance. La vie ordinaire avec ses conditionnements des pratiques et des discours nous détourne en même temps de la relation à soi et de la relation aux autres. Méditation et engagement sont complémentaires.

On peut s'instruire sur les paradoxes de l'identité avec Antoine Grimaldi :*Traité des solitudes*, PUF et sur ses dangers avec Amin Maalouf : *Les identités meurtrières,* Livre de Poche.

V

« Je suis content d'être réfuté quand ce que je dis est faux. »

→ Confrontés aux crises et aux catastrophes, soumis à des risques inouïs, pouvons-nous encore prétendre à y voir clair ?

→ Comment se faire une opinion personnelle dans le déluge d'informations et le torrent de la désinformation ?

→ Devons-nous suivre l'opinion générale ou la dénier ?

→ Comment trouver des repères par soi-même ?

→ Comment la thérapie socratique s'attaque-t-elle aux principales maladies de l'opinion qu'elle a identifiées et qui sont encore les nôtres : la mythomanie, la démagogie et la rhétorique des experts ?

→ Pourquoi le questionnement et l'analyse critique font-ils partie de ses prescriptions ? En quoi sont-ils efficaces ? Pourquoi sont-ils sans fin ? Comment sont-ils encore des principes pour la science contemporaine ?

→ Et pourquoi l'enquête mutuelle prônée par Socrate, avec ses réfutations réciproques permet-elle l'accouchement d'une vérité à échelle humaine ?

« O Lumière ! C'est le cri de tous les personnages du drame antique placés devant leur destin », écrit Albert Camus dans *L'Été*. Nous autres également, figures tragiques de la post-modernité, Antigone, Œdipe ou Oreste d'aujourd'hui, nous aspirons à la lumière. Celle-ci nous échappe, non tant parce qu'elle aurait déserté la terre des hommes ou resterait cachée dans des souterrains inaccessibles à la conscience, soleil invisible de l'histoire, mais parce que, à l'opposé, elle est devenue si vive et si intense qu'elle finit par nous aveugler.

Nous vivons dans l'espace sur-brillant et assourdissant de nos opinions. Il forme notre galaxie, à la mouvance aléatoire, en mutation permanente, dans un mélange extraordinaire de mise en spectacle et de récitatif. Si nous fabriquons cet espace, nous sommes loin de le maîtriser. La conscience individuelle et l'intelligence collective sont dépassées, englouties par la source même qui devrait les désaltérer.

Information, contre-information, désinformation. Mots d'ordre officiels et versions contestataires. Le moindre événement provoque un déluge d'opinions divergentes dans lequel chaque émetteur veut se faire entendre. Choral sous son meilleur aspect, le récit collectif tourne le plus souvent à la cacophonie. La fabrication de l'opinion, sa diffusion et sa maîtrise sont devenues un enjeu majeur et donc un champ d'affrontement sans merci. Sur le plateau de scène médiatique comme dans les coulisses obscures des réseaux numériques, on joue chaque jour une symphonie désaccordée.

La situation empire dans une situation de crise. Les experts s'affrontent, les spécialistes se déchirent. La pandémie de Covid-19 a de ce point de vue atteint un sommet. Sur le sujet, tout ou presque a été dit et contredit, affirmé et nié, y compris par les plus hautes autorités médicales. Les événements catastrophiques, avec leurs enjeux vitaux, mais aussi leur surmédiatisation, nous plongent rapidement dans un état de confusion mentale généralisée.

Aux dérives de la communication officielle où se mêlent dogmatisme et volonté de puissance, mais dont l'esprit critique apprenait à se préserver, se superposent désormais les excès des réseaux sociaux et des médiations numériques mêlant idiotie cathartique et intentions opaques. Désamorcer leur charge mobilise plus de temps et d'énergie que rechercher la vérité. Dogmatisme, scepticisme, conformisme, nihilisme, ressentiment, complotisme, toutes les postures qui s'opposent à la volonté de savoir se malaxent pour former un magma d'avis différents, une soupe primitive d'opinion. Dans une situation limite nous mesurons, non seulement notre faiblesse, certes, mais aussi la petitesse de notre pouvoir individuel de penser.

Aux blessures, au stress, à l'émotion créés par l'événement traumatique s'additionne le désordre mental dans lequel nous plonge le récit que nous en faisons. Nous sommes alors frappés deux fois, et par la catastrophe « réelle » - l'événement lui-même – et par la dynamique spectaculaire et narrative qu'elle engendre. Le cheminement, aussi bien personnel que collectif, suit les secousses et les torsions imposées aussi bien par les événements que par notre façon de les interpréter. Nous sommes emportés par la déferlante de récits qui répercute la catastrophe sur la scène de la conscience collective.

Est-ce bien une nouveauté ? Une caractéristique de notre actualité ? N'est -ce pas plutôt le trait répété d'une condition humaine à laquelle la pleine lumière n'est jamais donnée ? Nous n'avons pas toutes les réponses aux questions que nous posons. Mais pour autant nous ne pouvons les esquiver. Au-delà des événements dramatiques que nous provoquons et tentons en même temps de contrôler, la catastrophe est devenue le cadre de pensée de l'humanité, le grand paradigme planétaire. Notre actualité et notre condition ne sont plus pensables qu'à sa lumière inquiétante. Notre pensée et notre responsabilité sont donc plus que jamais engagées.

Et s'il nous arrive de nous sentir perdus, sans grille de lecture ni d'appréciation, c'est aussi par l'effet de stratégies de discours et de mise en scène, sous la pression d'intentions déformantes. Il relève de notre condition d'hommes libres et pensants, non seulement de chercher à démêler le vrai du faux, mais encore de nous affranchir des mises sous tutelles discursives.

De quels repères disposons-nous encore dans ce bourbier d'irrationnel ? Quelle lueur trouver dans ce moment tragique qui mélange angoisse, abêtissement et démagogie ? Comment orienter et construire une réflexion personnelle, éviter les pièges les plus grossiers de l'opinion commune ?

***

Le procès de Socrate montre celui-ci aux prises avec trois accusateurs : un poète de second rang, un politicien populiste et un orateur médiocre. Ces trois personnages incarnent les trois maladies du discours que la thérapie philosophique s'est fixé pour but de traiter dans une démocratie athénienne en pleine crise : la mythomanie, la démagogie et la rhétorique. Ces logopathies se développent sur des registres différents, mais elles peuvent parfaitement fusionner et parfois s'incarner ensemble dans certains interlocuteurs de Socrate.

Ce sont des maladies de l'opinion qui gangrènent à la fois la pensée individuelle et la pensée commune. Le soin de soi, la médecine socratique, c'est son principal intérêt, ne sépare jamais les deux. En outre, elle attaque l'opinion sous deux angles que nous pouvons toujours adopter aujourd'hui, celui de la connaissance et celui de la cité. Le champ de l'épistémologie et celui de la politique, l'espace de la théorie et celui de la pratique, sont étroitement liés. Sur ce double plan, la situation actuelle n'est pas sans analogie avec celle que Socrate ausculte.

Pour tenter de lever les malentendus autour desquels l'accusation contre lui s'organise, Socrate explique devant le tribunal qu'il s'est lancé dans une enquête personnelle pour comprendre le sens de l'oracle de Delphes le désignant comme le plus sage des athéniens.

Il cherche à savoir ce qu'il en est en interrogeant directement ceux que l'opinion commune qualifie de sages. Les catégories sociales sondées correspondent à celles incarnées par les accusateurs.

En tête de liste, celle des politiciens. Socrate en rencontre et le soumet à son interrogatoire. Diagnostic : « Il me parut que cet homme semblait sage à beaucoup d'autres et surtout à lui-même mais ne l'était point. » Le critère de Socrate est toujours le même. « Il se peut qu'aucun de nous deux ne sache rien de beau ni de bon, mais lui croit savoir quelque chose, alors qu'il ne sait rien, tandis que moi, si je ne sais pas, je ne crois pas savoir. » C'est notamment cette ignorance, ignorance des règles de la politique et du bien commun, que Socrate révèle à son ami Alcibiade par lui-même floué dans sa prétention à diriger la cité.

Un peu plus loin dans son discours en défense, Socrate met en relief un autre défaut contaminant l'opinion commune, cette fois-ci auprès des artisans. « Parce qu'ils faisaient bien leur métier, chacun d'eux se croyait très entendu même dans les choses les plus importantes, et cette illusion éclipsait leur savoir professionnel. » Dans son opuscule *Le goût du vrai*, Etienne

Klein baptise cette inclination toujours actuelle et active à l'aide d'un néologisme ambitieux : l'*ultracrépidianisme.* « ...Construit à partir de la locution latine : *Sutor, ne supra crepidam* (« Le cordonnier doit d'arrêter au rebord de la chaussure »). Ce mot désigne la tendance, fort répandue, à parler avec assurance de sujets qu'on ne connaît pas. »

L'un des trois accusateurs de Socrate, un certain Anytos, est à la fois un tanneur prospère et un leader du parti populaire. Selon des témoignages, ce politicien influent se serait irrité contre le philosophe au cours d'une discussion et en aurait gardé rancœur. Anytos concentre sur sa personne les deux griefs que Socrate fait aux démagogues : l'ignorance qui s'ignore et le pseudo savoir des parvenus. De nos jours, Anytos serait un de ces entrepreneurs prospères qui, parce qu'ils ont réussi dans les affaires entendent avoir la vérité sur tout.

Il est des travers plus néfastes encore que Socrate dénonce dans d'autres dialogues. Car son temps est celui où l'éclatante expérience démocratique athénienne s'est dévoyée dans une parodie populiste. L'assemblée des hommes libres qui dirige Athènes est devenue la caisse de résonance des opinions divergentes. Or ces opinions sont fragiles et variables. Comme elles reflètent des passions et des intérêts personnels, elles s'affrontent nécessairement. Et ce débat tendu, indispensable dans une démocratie et fécond en temps de paix, devient ruineux dans la période de crise qui emporte Athènes.

D'où le portrait féroce de l'homme démocratique, incapable de distinguer entre ses désirs et de les hiérarchiser. « Aujourd'hui, il s'enivre au son de la flûte, demain il boira de l'eau claire et jeûnera ; tantôt, il s'exerce au gymnase, tantôt, il est oisif et n'a souci de rien, tantôt il semble plongé dans la philosophie. Souvent, il s'occupe de politique et bondissant à la tribune, il dit et il fait ce qui lui passe par l'esprit. » Cet homme « bigarré » mixe ses désirs dans un magma indifférencié, incapable de faire le tri entre le superflu et le nécessaire. « Sa vie ne connaît ni ordre ni nécessité, mais l'appelle agréable, libre, heureuse et lui reste fidèle. »

Dans *La République*, Socrate compare le peuple à un « gros animal » et voit dans le politicien habile un dompteur qui saurait le caresser dans sens du poil et reformuler pour lui les opinions qu'il aime entendre. Le démagogue ressemble à un homme « qui, après avoir observé les mouvements instinctifs et les appétits d'un animal sain et robuste, sait par où l'approcher et par où le toucher, quand et pourquoi il s'irrite et s'apaise, quels cris il a coutume de pousser et quel ton de voix l'adoucit ou l'effarouche. » Gouverner équivaut à manipuler par des discours les illusions, les intérêts personnels et la passion des hommes pour la force et la violence.

Ultime critique à l'encontre de la démocratie : son fonctionnement même, qui, par ses excès et ses dévoiements a rendu possible une oligarchie tyrannique. L'histoire, depuis Socrate, s'est chargée d'apporter des exemples supplémentaires. Aujourd'hui la menace existe encore. Les dictateurs peuvent aisément suivre la voie démocratique pour s'emparer du pouvoir. Ils parviennent même aujourd'hui à en simuler les signes extérieurs, comme dans ce qu'on appelle désormais les démocratures, parodies politiques construites sur des bases de répression et de propagande, mais légitimée en façade par des élections.

Dans les pays démocratiques, jusque dans le plus puissant du monde, un nouveau type de leader est apparu : narcissique et transgressif, offrant à ses partisans un support identificatoire archaïque et au final dangereux. Ces dirigeants sont les Anytos d'aujourd'hui. Depuis ses origines, la démocratie inclut de nombreux risques, parmi lesquels sa corruption et son autosuppression. Ils lui sont consubstantiels. Il faut les intégrer et les courir.

Le second accusateur de Socrate, le plus engagé mais qui n'est sans doute qu'un porte-parole d'Anytos, est un poète. Les poètes constituent également une cible prioritaire de l'enquête socratique sur la sagesse. Un passage étonnant de *La République* illustre la position de la philosophie naissante à l'encontre de la poésie et du spectacle des tragédies qui passionnent les foules grecques. Socrate y déclare sans détour que les poètes seraient exclus de la cité idéale, Callipolis, dont il trace les grandes lignes. S'il s'en présentait un aux portes de la ville, « nous lui ferions une profonde révérence comme à un personnage sacré, hors pair, délicieux, et, d'autre part, nous lui dirions qu'il n'y a pas chez nous d'homme comme lui dans la Cité, et qu'il n'est point permis qu'il en vienne s'y produire ; nous l'éloignerions en direction d'une autre cité après avoir répandu du parfum sur sa tête et l'avoir couronné de laine ». Callipolis, la cité idéale, n'accepterait que des poètes sous contrôle dont les œuvres contribueraient à créer l'homme de bien…

Aujourd'hui l'engagement des poètes aux côté des forces de progrès et d'éveil de l'humanité n'est plus à démontrer, leur statut de victimes prioritaires pour les systèmes répressifs non plus. À juste titre, leur exclusion de la cité platonicienne nous paraît scandaleuse. Pour relativiser et comprendre ce qui apparaît comme une censure inacceptable, il faut retrouver la logique dont elle découle.

Socrate impulse une véritable transition philosophique. Le détournement qu'il effectue de la sentence gravée au fronton du temple où officiait la Pythie en témoigne. C'est un geste fort qui marque la volonté de se dégager de l'influence des oracles et plus largement de toute parole mythologique. Cette opération s'inscrit dans un mouvement culturel plus large qui voit le discours rationnel, le *logos,* s'émanciper du discours religieux, le *mythos.*

En recherchant des principes explicatifs aux phénomènes de la nature, les physiciens d'Ionie ont amorcé cette révolution culturelle. Hérodote, considéré comme le père de l'histoire, a écarté les conflits entre les dieux pour expliquer les guerres. Seuls les hommes sont responsables des événements historiques. Comme lui contemporain de Socrate, Hippocrate fonde une médecine rationnelle qui écarte les causes surnaturelles de ses diagnostics. Socrate, thérapeute de l'âme, décline cette rationalisation sur le versant philosophique, celui de l'esprit, de l'éthique et de la politique.

Le poète athénien ciblé par Socrate n'a donc rien à voir avec les nôtres. Ceux-ci se retrouvent aujourd'hui plus souvent sur le banc des accusés que sur l'estrade des accusateurs. Conclusion de l'enquête que Socrate a conduite dans la société athénienne : « Je reconnus donc bien vite que les poètes aussi ne sont point guidés dans leur création par la sagesse, mais par une sorte d'instinct et par une inspiration divine, de même que les devins et les prophètes, qui eux aussi, disent beaucoup de belles choses mais sans se rendre compte de ce qu'ils disent. »

Un court dialogue, intitulé *Ion*, éclaire la défiance de Socrate à l'égard des poètes. Ion est un rhapsode réputé dont les performances publiques attirent des milliers de spectateurs. Le rhapsode est un récitant professionnel qui déclame des poèmes en costume d'apparat, du haut d'une estrade, seul face à la foule.

Sa prestation était parfois suivie d'un commentaire effectué en petit comité. Ion est un acteur itinérant, à la fois récitant et spécialiste d'Homère. De nos jours, il serait à la fois une star et un conférencier médiatique.

Socrate entraîne Ion dans une discussion portant sur la nature de son talent de rhapsode. Plusieurs caractéristiques sont soulignées. La première fait du poète un être « qu'habite un dieu », un homme animé par une puissance ou une grâce divine, emporté dans un état modifié de conscience. Un fou des dieux. C'est un homme qui ne s'appartient plus. Un possédé. Deuxième caractéristique : le discours du rhapsode est un délire. « De même que ceux qui sont en proie au délire des Corybantes ne se livrent pas à leurs danses quand ils ont leurs esprits, de même aussi les auteurs de chants lyriques n'ont pas leurs esprits quand ils composent ces chants magnifiques. »

Troisième trait distinctif : interprète des dieux, le poète est dépourvu de parole propre. Il est tenu, attaché à la parole divine. Il est réduit au rôle de médium, de porte-voix. Hautement imbu de lui-même, Ion souscrit sans difficulté à l'analyse ironique de Socrate. Celui-ci en conclut que le rhapsode est incapable d'expliquer en quoi son art consiste. Comme la plupart des interlocuteurs de Socrate, c'est un ignorant qui ignore son ignorance. Or, le philosophe tente de faire la place à un savoir conscient de lui-même de son contenu comme des ses limites.

Mais dans l'activité du rhapsode, Socrate décèle deux autres aspects morbides. Ce maître de la parole est en réalité un remarquable simulateur, tout à fait conscient de ses manœuvres sur l'esprit des spectateurs. « À chaque fois, du haut de l'estrade je les vois pleurer, jeter des regards de menace, être avec moi frappés de stupeur en m'entendant, confie Ion. Je dois en effet, et grandement, faire attention à eux ! C'est que, si c'est eux que je fais pleurer, ce sera à moi de rire quand je recevrai l'argent, tandis que, si je les fais rire, c'est moi qui pleurerai à cause de l'argent que j'aurai perdu ! »

Le rhapsode ne cherche pas à produire du vrai mais à induire une émotion. C'est son métier, dont il tire un large profit. Il place ses spectateurs sous influence, les aspirant, tel un aimant psychique, dans un magnétisme communicatif. Socrate ne perçoit dans ses discours et ses mises en scène qu'une fonction mimétique perverse. Car la possession divine, dont le rhapsode se pare et se prévaut, les jeux de rôles et les identifications aux héros dont il fait son spectacle, se propagent dans son public. Et plus celui-ci est nombreux et plus l'impact est fort et réussi.

Quelques décennies après Socrate, Aristote mettra en regard de la fonction mimétique des spectacles une fonction cathartique. Une tragédie n'incite pas seulement à imiter les passions des héros, à reproduire leurs comportements transgressifs. Elle purge et purifie le public de ses pulsions et en ce sens la mise en scène tragique est nécessaire à la cité. Socrate insiste, lui – peut-être parce qu'il est soucieux de la faire apparaître clairement – sur le pouvoir mimétique des spectacles.

L'histoire nous a donné de ce penchant pour l'irrationnel d'éclatants exemples. Si tous les spectacles ne visent pas à manipuler les foules, la mise en scène est étroitement liée à leur galvanisation. Les grandes messes nazies et les gesticulations oratoires de leur leader, en fournissent l'exemple le plus sinistre. D'autres systèmes totalitaires, à travers le culte de la personnalité et les grands défilés militaires, ont puisé à la source immémoriale du pouvoir spectaculaire. Mais plus récentes et sur un registre beaucoup plus limité, les exhibitions outrancières d'un Président des États-Unis niant le résultat des élections ont donné une déclinaison numérique de la puissance des fantasmes dans la gestion des masses.

Cette mise en opposition de la *mimesis* et de la *catharsis* est toujours d'actualité avec une intensité renforcée. Elle réapparaît comme un serpent de mer à chaque innovation technique. Les écrans de télévision, puis ceux des téléphones mobiles, avec leurs scènes de violence ; les jeux vidéo avec leur imaginaire basique de guerre et d'éliminations ; les médiations numériques avec la délation anonyme qu'ils encouragent : tels ont désormais les scènes domestiques où s'opposent mimesis et catharsis dans notre cadre éducatif et culturel.

L'intention du rhapsode est donc très éloignée des objectifs poursuivis par Socrate : faire naître dans l'esprit d'un homme libre, une pensée consciente d'elle-même et autonome. Son art n'est rien d'autre qu'une maladie du discours marquée par une régression de la pensée aux temps révolus des mythes et des oracles.

Autre pathologie à laquelle la philosophie de Socrate tente d'apporter remède : la rhétorique. Elle est sans doute beaucoup plus grave, car elle s'immisce au cœur même de la cité dans les profondeurs de son corps politique. L'homme libre grec est un être qui parle. Appelé à participer activement aux décisions politiques, au vote des lois et aux jugements des tribunaux, il donne publiquement son opinion. Il l'énonce, la confronte à d'autres et la fait partager aux autres.

Dans une démocratie directe, la norme absolue, l'autorité suprême, l'unique vérité, c'est l'opinion quantifiée, majoritaire. Comme dans nos démocraties modernes, même si celles-ci disposent de moyens incomparables à ceux des cités grecques, l'opinion générale est le centre de gravité de la vie publique. Pour le meilleur et parfois pour le pire. En tout état de cause, la maîtrise de la parole était dans ces cités décisive pour exercer son rôle de citoyen et encore plus pour embrasser une carrière politique.

C'est sur ce terreau de langage et de communication que les sophistes – enseignants d'éloquence et rédacteurs de discours à la fois – font leur apparition sur la scène sociale grecque. Les sophistes pratiquent dans la rue, en public, comme pour démontrer leur redoutable efficacité par l'exemple et en toute transparence.

Pour un sophiste, la maîtrise du discours n'est qu'une question de technique et d'habileté. Quel que soit le sujet à traiter, la forme prend le pas sur le fond, le vraisemblable sur le vrai, l'utile sur l'intention éthique. La réussite d'un discours s'évalue à l'action qu'il produit sur un public. Le sophiste s'appuie sur l'émotion et l'opinion de ses auditeurs. Il joue sur leurs fragilités et leurs limites. Le sophiste aujourd'hui, c'est le communiquant. Pas seulement le professionnel de la communication, mais de façon plus large, celui qui utilise la communication pour se positionner ou réfuter le discours de l'autre. Dans un système calqué sur celui de l'offre et de la demande économiques, toutes les professions affichent un échantillon représentatif. Les professionnels des médias n'en ont pas le monopole.

Artiste du discours, d'une haute utilité sociale, le sophiste fait payer très cher ses prestations. C'est là un point de divergence marqué avec la démarche socratique totalement gratuite. Le savoir de Socrate, son non-savoir plutôt, n'est pas à vendre. La maïeutique n'est pas un enseignement, c'est une pratique non lucrative.

Nombreux sont les dialogues de Platon où l'on voit Socrate aux prises avec des sophistes. Dans des discussions parfois tendues, Socrate s'efforce de faire émerger le contenu latent de la sophistique. Sous la soi-disant neutralité technique, le simple goût pour la performance, se cache une philosophie implicite très opportuniste. Une volonté de séduction et de puissance qu'il convient de dénoncer.

Socrate combat donc l'amoralisme des sophistes et ses conséquences politiques dangereuses. Dans *La République*, il affronte le redoutable Thrasymaque qui professe avec cynisme que l'injustice est supérieure à la justice parce que plus forte et plus efficace. Nous le verrons plus loin, le dialogue tout entier tourne autour de cette thèse pour tenter de la réfuter. Le discours du sophiste est un discours de domination, au service du pouvoir. Il n'a rien de neutre ni de formel.

À cette drogue de l'opinion, Socrate oppose l'antidote de la philosophie. L'important dans tous les domaines, celui de la politique, mais aussi de l'éthique personnelle et de la connaissance, c'est de parvenir à mesurer son ignorance. L'âme individuelle, elle aussi, a ses mythes, ses discours factices et ses penchants conformistes. Il faut donc, sur le terrain de la philosophie, ouvrir une autre voie. Explorer un autre espace critique celui de la subjectivité et des conditions de son exercice.

« Qu'est-ce donc que savoir ? » : cette question est au cœur du *Théétète*, dialogue sous-titré « au sujet de la science », au cours duquel Socrate s'entretient avec deux brillants mathématiciens. La discussion passe au crible les notions associées à ce questionnement : science, savoir, connaissance, vérité et opinion.

Entre la vérité absolue, territoire éclairé auquel seuls les dieux ont accès, et la caverne obscure de l'opinion, Socrate tente de creuser et d'aménager un troisième espace, celui de la connaissance. Socrate n'est pas un scientifique, à la différence de son disciple Platon, il n'est pas un génie des mathématiques. Il s'intéresse davantage aux valeurs – la beauté, la justice, le courage – que les hommes partagent dans la cité qu'à l'explication des phénomènes de la nature. Mais, dans sa volonté de savoir, il n'en jette pas moins les bases d'une orientation et d'une méthode générale qui sont la source de la science occidentale. Trois attitudes courantes sont identifiées comme des obstacles à la science, trois croyances solidement enkystées. La croyance que la connaissance naît exclusivement de l'expérience sensible ; qu'elle est subjective et que finalement, tout étant relatif à un point de vue, elle est impossible. Dans *Théétète,* Socrate à déconstruire ces piliers qui soutiennent la théorie de l'opinion.

« Celui qui sent sent ce qu'il sent », soutient Théétète. Savoir, c'est savoir qu'on sent et ce savoir est la fois immédiat et incontestable. Théétète est loin d'être un ignare, c'est au contraire un être cultivé, un éminent mathématicien. Socrate objecte que les sens nous trompent, ne nous livrant que des apparences, variables selon les sujets. Qu'est-ce qui est froid ou chaud si l'appréciation dépend d'une perception individuelle ? Les sensations sont instables. Elles sont si changeantes d'un individu à l'autre qu'on ne sait plus de quoi on parle quand on se fie aux avis émis.

Socrate passe ensuite au crible la thèse subjectiviste de Protagoras : « L'homme est la mesure de toute chose ». Si Socrate intègre le doute et la remise en cause dans son questionnement, il s'oppose radicalement à la théorie de ce sophiste. Il en souligne la dimension individualiste, la part trop belle qu'elle laisse à la subjectivité. Si l'on suit Protagoras, la vérité sera l'expérience solitaire d'impressions personnelles traduites en opinions justes et vraies.

Si la connaissance dépend d'une subjectivité, si n'est vrai que ce que celle-ci perçoit de la réalité, si elle réside dans ce qu'un « je » pense des choses, alors elle devient simplement impossible. Chacun aura sa vérité et verra, comme on dit, « midi à sa porte ». Toutes les opinions se mixeront dans une soupe indifférenciée. Si c'est moi qui détermine la réalité des choses ou le sens des événements en fonction de l'apparence qu'ils ont pour moi, alors l'être se résorbe dans l'apparaître et la réalité se confond avec l'interprétation personnelle. Conséquence supplémentaire : aucun échange, aucune discussion, ne pourront avoir lieu.

Socrate souligne également l'absurdité de la thèse relativiste de l'homme-mesure. Si la vérité n'est affaire que d'un chacun, alors Protagoras doit en tirer toutes les conséquences. La première, c'est que son opinion ne vaut pas plus que celle de ses contradicteurs. La seconde, qu'elle ne vaut rien pour lui-même puisqu'il admet d'être contredit. Et l'on peut même se demander si Protagoras peut encore prétendre à nous enseigner quelque chose.

Autre thèse ruineuse, autre piège : le mobilisme. C'est là un héritage d'Héraclite, penseur du devenir dans lequel toutes choses baignent et s'engloutissent. « Tout s'écoule », estime Héraclite, tout est emporté par le courant d'une impermanence sans fin. Si l'on retient ce principe, alors la sensation dans laquelle Théétète voit la source de la science, sera, elle aussi, entraînée ainsi que les significations et les interprétations qu'elle aura générées. Le langage, avec ses déterminations, se dissoudra, le sujet connaissant ne pourra plus parler, communiquer, convaincre. Sans objet ni sujet, la connaissance et la science seront absolument impossibles.

Le dialogue avec Théétète n'aboutira pas à une définition de la science. Fidèle à son angle d'attaque, Socrate identifie et écarte seulement ce qu'elle n'est pas. Mais il défriche l'espace de signification que nous mettons aujourd'hui sous le mot de science. La pensée scientifique repose sur des notions stables, des principes logiques – identité, différenciation, contradiction – et l'activité de l'âme, qui analyse et synthétise nos perceptions, n'est pas elle-même une perception. Socrate introduit l'idée que ce ne sont pas les sens qui connaissent, mais l'esprit qui traite les données sensitives. La science nous fait accéder à une réalité différente de celle ouverte par notre perception sensible, une réalité qui ne se voit pas, ne se touche pas, une réalité intelligible.

Elle est également en rupture avec la subjectivité au sens où celle-ci se voudrait pensée solitaire, autonome, dépositaire de la vérité. La dialectique socratique ouvre le champ d'une vérité qui se construit dans l'échange. Ce champ est celui de la pensée consciente, de ce tribunal intérieur qui juge et se juge. Qui amène à sa lumière et ses opinions et ses actes. « La pensée est un entretien de l'âme avec elle-même. » Elle n'est pas affirmation d'un sujet producteur d'opinion, expression d'amour ou d'aversion de ce même sujet, mais dialogue, expérience d'une cohabitation et d'une coopération de soi avec soi.

Et ce dialogue se poursuit – si ce n'est pas par là qu'il commence – dans l'entretien avec les autres. Le questionnement socratique est une recherche mutuelle. Socrate n'y occupe pas la place du maître à penser, il ne détient aucune vérité. Il joue le rôle d'un accoucheur de vérité. Mais cet accouchement lui est bénéfique. Car Socrate ne sait rien, il cherche avec l'autre. Il ne craint pas d'être réfuté, au contraire, il le réclame. « Je suis content d'être réfuté quand ce que je dis est faux. ». L'homme n'est pas l'unité de mesure de la vérité, il est au contraire mesuré par son savoir.

La science est-elle autre chose aujourd'hui que cette immense agora sans frontière ni époque où la communauté humaine pensante ne cesse de reprendre ses énoncés, de les soumettre au débat critique, de les réfuter de les transformer ? Aucun dogme, aucun interdit ne l'arrête dans sa marche.

Dans son opposition aux sophistes, Socrate tente d'ouvrir un autre discours, qui relierait savoir, pouvoir et éthique individuelle. Il cherche à donner une chance au jeu de la parole. À lui trouver une surface où le parler vrai, la *parêsia*, si importante dans une démocratie directe, pourrait retrouver un sens. Il montre la possibilité d'un discours qui ne serait ni une parlotte creuse ni un artifice, comme c'est souvent le cas en démocratie, régime où l'expression individuelle est libre. Un discours qui ne serait pas sanglé dans des procédures et des finalités de pouvoir : dissimulation, parodie, flatterie. Qui ne relèverait pas de la simple « opération de communication » pour reprendre notre vocabulaire.

Le dialogue avec Théétète n'aboutit pas. Au terme de la discussion, aucune définition claire et définitive de la science ne sera donnée. Défaut de méthode ? Inutilité fantaisiste de la maïeutique ? Mais savons-nous dire aujourd'hui ce qu'est la science ? N'en parlons-nous pas au pluriel pour souligner l'existence de champs de recherches radicalement différents, dont la synthèse unifiante est devenue impossible ? La science est un questionnement sans limite sur le fonctionnement de la matière, de la vie, de l'homme et de son environnement. L'enquête socratique a au moins permis de la distinguer nettement de ce qu'elle n'est pas. En débouchant sur un vide, elle évite le dogmatisme. La recherche humaine est sans fin, elle reste sans bornes. C'est un chantier toujours ouvert, une page blanche y suit le dernier mot.

La connaissance personnelle est marquée par le même inachèvement. Sans cesse elle doit se construire dans un mouvement d'opposition contre les représentations immédiates, le confort du scepticisme ou l'égocentrisme. Sans l'autoexamen permanent, le dialogue avec soi, elle se perd dans des certitudes aveugles.

L'homme n'en a jamais fini avec les pathologies de l'opinion. Pour rendre perceptible l'étrangeté d'une condition humaine capable de s'éclairer mais vouée à ses croyances et ses illusions, Socrate, utilise dans *La République* une allégorie devenue universellement célèbre. La vie des hommes y est comparée à celle de prisonniers au fond d'une caverne. Ceux-ci ne distinguent que des ombres qui se projettent sur la paroi vers laquelle leurs regards sont rivés. Elles dessinent les contours de choses éclairées par des brasiers qui passent dans leur dos sans qu'ils aient conscience de cette procession. Ces formes ne sont pas les choses mais seulement leur décalque. Pour apercevoir les objets dans leur aspect véritable, il faudra que les captifs soient libérés et puissent tourner leur regard vers l'arrière,

De là ils pourront reconnaître le fonctionnement du dispositif d'éclairage et de projection qui les a abusés, puis, par degré, sortir de la caverne et contempler la lumière réelle, celle du jour. Mais l'extase solaire n'est pas la fin de la philosophie. Une fois éclairé, l'homme ne peut que retourner dans la caverne des opinions, là où se joue son existence individuelle et son destin de citoyen.

***

Comment se prémunir aujourd'hui contre nos pathologies et nos logopathies ? Si on la compare à celle des Athéniens du IVe siècle av. J.-C., notre doxa a changé d'échelle. Les mythes aujourd'hui ne sont plus les créations de poètes ou d'acteurs inspirés mais les produits d'une organisation industrielle. Ils se sont dans le même temps sécularisés, s'immisçant dans tous les aspects de notre existence. Notre mode de vie génère des légendes, ses héros et ses drames, un environnement narratif élaboré par la culture médiatique et publicitaire. Il se mythifie en même temps qu'il se manifeste.

Toute gouvernance, qu'elle soit politique ou économique, intègre dans sa stratégie une dimension de communication. La prise en compte de celle-ci, s'avère indispensable aussi bien dans la gestion ordinaire que dans les situations de crise. La communication légitime et enchante un récit sur le monde et les hommes. Elle manœuvre un public, le prépare, réfute par avance les objections possibles. Elle écarte les récits concurrents. Et cette situation tourne au pire dans des régimes anti-démocratiques où la propagande la plus grossière alterne avec le déni ou le black-out officiel. Il n'est donc pas étonnant de voir sur la scène publique grouiller un peuple de nouveaux sophistes au service du pouvoir ou à sa conquête, écosophistes, technosophistes, e-sophistes…

Autre élément de différence : la science, censée la combattre est entrée dans le grand jeu de l'opinion. La science ou plutôt les scientifiques dont les recherches et les activités dépendent désormais de puissants groupes financiers. Leurs options, leurs orientations, ne sont plus séparables d'intérêts organisés selon une logique de profit maximal.

Pourtant en changeant d'échelle l'emprise de l'opinion a-telle changé de nature ? Les pathologies relevées par Socrate se sont amplifiées à un tel point qu'elles nous semblent à première vue inguérissables. Néanmoins, si l'on y regarde de plus près, le diagnostic socratique, dans sa simplicité, sa nudité, donne directement à lire notre propre situation. Le microcosme athénien renvoie encore notre image. À l'heure, où l'on sonde l'univers et où des robots peu à peu nous remplacent, notre goût pour les opinions, leurs dérives et leurs dégâts, dans ses grands principes demeure inchangée. Les mythes ignorent le progrès et les croyances refusent toute évolution.

En outre, l'appel de Socrate à une vie qui s'examine et se donne du sens, trouvait ses conditions dans une période critique de l'histoire athénienne. Son questionnement se déploie au bord d'un gouffre. Après sa mort, quelques décennies suffisent pour rayer Athènes de la carte géopolitique de l'Antiquité. Socrate est le lanceur d'alerte d'une civilisation en voie de disparition.

Il pouvait encore espérer dans une raison à l'état naissant, capable de relier sagesse, science et savoir vivre. Nous la rejetons en bloc aujourd'hui, sous prétexte qu'elle engendre des monstruosités, non plus dans son sommeil, mais dans son activité même. Les physiciens sont à l'origine de la bombe atomique. Des médecins détraqués œuvraient dans les camps d'extermination nazi. La science, dit-on, est amorale, elle n'a pas à dire ce qui est bon ou mauvais. Mais les scientifiques ne sont-ils plus responsables de leurs recherches et de leurs activités ? Pourquoi faudrait-il les dispenser des considérations éthiques ?

Nous voici entrés dans un monde tragique régi, comme celui des héros antiques, par la peur et l'irrationnel. Pour ceux qui cherchent encore la lumière, qui veulent se faire une idée sur la marche du monde, trois obstacles majeurs se dressent, trois passions puissantes pour le désordre, la fiction et l'inconscience, ne cessent de s'amplifier.

Nous vouons au désordre un culte extraordinaire. Nous nous enchantons de le trouver dans le monde. Chaos, indécidabilité, aléatoire, hasard...sont désormais des catégories fécondes à travers lesquelles la science post-moderne pense la matière et la vie. Si l'on en croit le philosophe des sciences Jean-Pierre Dupuy, les nanotechnologies se sont engagées dans une démarche qui déconcerte. Elle viserait à créer la vie *ex nihilo* et en cela à imiter la vie dont la logique revient précisément à nier ses propres conditions d'apparition.

Dans ce but, seraient privilégiées les pistes de recherche provoquant « le déclenchement de processus complexes qui échappent à notre maîtrise », souligne Jean-Pierre Dupuy. Étrange et dangereux programme où « l'ingénieur de demain ne sera pas un apprenti sorcier par négligence ou incompétence, mais par dessein (*design*). »

Cette passion pour le désordre irrigue les champs de la gouvernance privée et de la gouvernance publique. Dérégulation, déréglementation sont les maîtres-mots d'une idéologie de soumission aux seuls impératifs du marché et du profit. Les entreprises et les sociétés sont emportées dans cette culture managériale qui déstabilise les hommes, les plongent dans le stress et la panique.

La vie individuelle se trouve placée à la même enseigne que le monde ou la société. La raison n'est plus la faculté hégémonique de la conduite. La passion, le désir, quand ce n'est pas l'émotion la plus primaire, sont devenues les sources d'autorité et de pilotage de la personne. L'attirance pour les addictions et la fascination pour les états modifiés de conscience complètent l'éventail d'un usage déraisonnable de soi.

Désordre mais aussi fiction. Complément - ou compensation – à la déception engendrée par l'hyper-technicité de la vie, notre passion pour les mythes a pris des proportions inégalées dans l'histoire. Leur production à l'échelle industrielle au moyen d'une technologie numérique toujours plus sophistiquée a modifié profondément notre relation à l'imaginaire. La catégorie du réel n'existe plus. Elle a fusionné avec celle de la fiction. Nous évoluons dans un monde nouveau, qui fait sauter les cloisons du réel et de l'imaginaire. C'est un monde fictif, artificiel mais concret, fabriqué. Le récit collectif trouve son modèle dans l'émission de téléréalité.

Le récit et la mise en scène des catastrophes n'échappent pas à cette mythification. Ils en fournissent même le prétexte. Ainsi les films catastrophes sont-ils devenus, depuis plusieurs décennies déjà, un genre cinématographique à part entière. Plus récemment, l'accident du réacteur de Tchernobyl a fourni le thème d'une série télévisée. Les hommes chantaient quand le Titanic a sombré. Des sociétés spécialisées dans le tourisme noir proposent aujourd'hui des survols de Pripyat en Ukraine. Désarmante insouciance humaine qui fait danser au bord de l'abîme.

Considéré depuis l'aurore du monde occidental comme un sujet pensant, l'homme est lui aussi disqualifié. Ce n'est plus une âme, un esprit, une conscience, c'est un cerveau, si l'on en croit les théories cognitivistes en position dominante. Cet organicisme conquérant élimine de tout ce qui faisait l'humain dans sa singularité irréductible. Si tout se réduit à des questions de neurones et de synapses, que deviennent le jugement, la décision, la liberté. L'automobile bientôt se conduira toute seule, mais serait-elle capable de faire à elle seule le voyage, de tracer l'itinéraire, de choisir la destination ? La sacralisation de l'organe de la pensée invalide et dédouane le penseur. Elle l'arrache à son pouvoir et à sa liberté. Elle décervèle en réalité. Tant il est vrai qu'un homme sans pensée est plus facile à manœuvrer.

Disqualifié dans son aptitude à gérer son opinion, l'individu se trouve rabaissé à la passivité du spectateur. Il assiste aux événements comme s'il s'agissait d'un film, d'une histoire sur laquelle il n'aurait aucune prise, emporté, comme Œdipe ou Oreste, par un destin terrible et irrémédiable. Ne lui resterait que la narration de son désastre. Dans une telle situation, il devient la cible captive de toutes les emprises. Bientôt des algorithmes pourront tracer nos émotions de lecture les plus intimes, nos réactions, nos sentiments, nos opinions, tout ce que nous éprouvons dans la solitude et le secret de la vie intérieure sera repéré, encodé, analysé, tracé.

C'est cette humanité livrée au désordre et à la fiction, vidée, en théorie comme en pratique, de sa faculté de penser qui affronte le temps des catastrophes. Une humanité divisée par des contradictions tragiques. Sa propre science la menace autant qu'elle la protège ; ses rêves l'asservissent et sa liberté l'enferme…

Les scientifiques, loin de s'opposer à l'opinion, fabriquent les mythes qui l'alimentent : immortalité, création de la vie *ex nihilo,* robotisation. L'enchantement de leurs performances conduit à ce qu'on pourrait appeler un complexe du Titanic que Clément Rosset a mis en lumière dans son ouvrage *La logique du pire*. Selon son analyse, ce n'est pas tant le heurt d'un iceberg qui a provoqué le naufrage du paquebot mais les négligences humaines accumulées. Le déni qu'il puisse arriver malheur au Titanic les a recouvertes. Merveille de la technique de l'époque, le navire était réputé insubmersible. Cette surestimation a fait oublier la possibilité même d'un quelconque danger.

Ce complexe du Titanic s'applique à la technoscience actuelle dont les exploits sont d'une autre amplitude que la mise à flot d'un navire de croisière au siècle dernier. La même suffisance aveugle, le même sentiment de toute puissance préside à la construction et au fonctionnement des réacteurs nucléaires. Les accidents terribles survenus à Tchernobyl ou Fukushima ont à peine écorné ce sentiment, quand ils ne l'ont pas renforcé sous la forme d'un négationnisme édifiant.

La science ignore la morale. Si elle devait tenir compte des mœurs et des religions, elle ne progresserait pas. Les exemples de Giordano Bruno, brûlé à Rome pour avoir soutenu que l'univers était infini, ou de Galilée, condamné par l'église à se rétracter, en apportent la preuve évidente.

Mais que penser aujourd'hui d'une technoscience sans autre finalité que sa réussite et son avenir sur un marché ? Le journal *Le Monde* citait récemment (21 avril 2021) un éminent spécialiste de la chimie des matériaux interrogé sur l'exploitation de ses recherches à des fins militaires notamment par la Chine : « Mes travaux ont été rendus publics dans le monde entier et je ne suis pas responsable de la façon dont ils sont utilisés. » On peut être un scientifique et porter des œillères.

Les divertissements nous sont indispensables. L'art sous toutes ses formes, les fêtes, le sport nous apportent de saines récréations sans laquelle la vie deviendrait vite insupportable. Nous prenons plaisir à jouer. Les psychologues ont montré à quel point le jeu était nécessaire à l'enfant pour construire sa relation au monde, à lui-même et aux autres. Au fond de tous les adultes, à des niveaux divers et selon des applications différentes demeure la passion du jeu. Elle rythme depuis toujours la vie des sociétés.

Le divertissement glisse de l'imaginaire dans le rationnel, du possible dans le réel. Il compense et console. Il facilite la rencontre, la fraternité, l'amour. L'homme s'y répare et s'y régénère. Il retrouve intacte une part de création et de socialité, une sorte d'enfance invincible.

Mais pour cette raison même, il n'est plus innocent, il s'expose à la récupération et à la falsification. *Panem* et *circences*, du pain et des cirques, tel était le principe de gouvernance majeur des empereurs romains. Il se double aujourd'hui d'un critère de rentabilité. L'offre de jeux vidéo s'intensifie et les spots publicitaires de paris sportifs prolifèrent.

Dans de telles conditions, le divertissement perd ses habits et ses vertus d'enfance, il se fait manœuvre de diversion. Étrange faculté d'oubli porteuse de tant de réconfort et d'aveuglement. Paradoxe insoluble de cette jouissance qui nous pousse au même moment, au cœur du printemps 2021, à nous enchanter de la production par un robot de 6 grammes d'oxygène pur sur Mars et de déplorer que des malades de la Covid-19 en soient totalement dépourvus dans certains pays de la planète Terre. Cruelle cohabitation de la prouesse et de la pénurie.

Telle est notre condition avec ses contradictions et ses torsions insupportables. Ses éclaircies grandioses et ses obscurités irréductibles. Au plus opaque de cette dualité toujours présente, sans cesse reconduite, il nous reste les lumières de la raison décelées par Socrate. Raison active qui n'est ni celle du pouvoir, ni celle des mythes ni celle de la science. Raison d'une vie qui s'examine elle-même et dont la conscience individuelle est le catalyseur.

Cette raison n'est pas celle des fausses vérités, elle les déjoue au contraire par l'exercice d'une critique refusant de prendre une ignorance qui s'ignore pour un savoir ou une sagesse. Elle n'est pas celle de la connaissance froide et aveugle, elle cherche toujours ce qui sert la vie et accroît sa puissance.

Elle ne se pratique pas dans la retraite d'un cabinet privé et dans des méditations solitaires, mais à travers une enquête commune où il n'y a plus des maîtres d'un côté et des élèves de l'autre, des savants et des ignorants, mais des hommes cherchant ensemble où se trouvent la vérité et le bien communs. Elle ne vise pas la performance personnelle mais la prise en compte de la conduite éthique. Elle privilégie l'être sur l'avoir. Elle place la responsabilité au-dessus de l'amusement gratuit. Cela ne l'empêche pas de jouer sur les mots, de se moquer de l'esprit de sérieux, du politiquement correct.

On dit que Socrate était d'un aspect repoussant. Mais sa laideur ne restait pas longtemps un obstacle à sa fréquentation. L'interlocuteur de bonne foi, curieux de s'initier à la maïeutique, découvrait derrière l'apparence physique contrefaite l'âme belle et bonne du philosophe athénien. Notre époque avec ses secousses et ses terribles menaces ne ressemble-t-elle pas à Socrate ? Elle nous interpelle, nous presse de mesurer nos aveuglements, de prendre nos responsabilités. Et surtout de ne pas céder aux apparences décourageantes.

Dans la théogonie grecque, le chaos, n'est pas la désorganisation, c'est la Béance primitive d'où le monde est issu. Le chaos, c'est le nom du néant primitif, obscur, vertigineux. Plus encore que dans le désordre, c'est au bord de cet abîme de non-sens que nous conduisent les catastrophes, dans un étonnant retour en arrière métaphysique. Le plus archaïque est redevenu actuel. Le commencement devient notre avenir.

Derrière le verre fumé des récits trompeurs et des mises en scène affolantes, sous le masque tragique du monde, il nous reste toujours à porter la vie un peu loin. À inventer sans cesse de nouveaux remèdes socratiques pour faciliter sa croissance.

Car l'aspect repoussant de Socrate se faisait vite oublier, il jouait comme une invitation à suivre un chemin de vie, de vérité partagée, de dialogue et d'amitié. La face hideuse des catastrophes peut elle-même encore pivoter si nous parvenons à déjouer les leurres qui nous déroutent de l'auto-critique et de la coopération.

— Aller plus loin —

« Les maux par les mots, c'est ainsi qu'on guérit », chante MC Solaar. La thérapie par la parole a prouvé son efficacité. Encore plus quand celle-ci est échangée. De longs siècles après Socrate la philosophie est restée orale et dialoguée. Les textes eux-mêmes étaient souvent écrits pour être lus et commentés en public. La technique questions-réponses est restée en vigueur jusqu'au Moyen-Âge et ses célèbres disputes. Au temps de l'individu-roi, savons-nous encore dialoguer, dire en soi-même et parler avec les autres ? À travers l'affirmation de nos opinions, nous ne visons qu'à nous imposer aux yeux des autres et à nous donner l'illusion de la maîtrise ou de la supériorité.

Le dialogue possède pourtant d'incontestables atouts. Il déleste de la présomption du parler pour ne rien dire, de l'envie d'avoir toujours raison, des rivalités inutiles. Il ouvre l'esprit à la complexité et à la vision autre. Il introduit à la coopération et au plaisir de l'entente. Il nous réassure dans notre volonté de savoir et lui procure une énergie collective. À pratiquer sans réserve, à une époque où beaucoup de discours en circulation répondent à des questions qui ne se posent pas et laissent trop de questions refoulées.

On peut trouver des points d'appui avec Marcel Conche : *Le Fondement de la morale*, PUF.

VI

« Ce qui donne naissance
à la société, c'est l'impuissance
où chaque homme se trouve
de se suffire à lui-même. »

→ Pourquoi l'individualisme contemporain peut-il être assimilé à une maladie ?

→ Comment néglige-il notre être social ?

→ Comment Socrate relie-t-il les malheurs de l'âme individuelle et ceux du citoyen ?

→ En quoi prendre soin de la cité est-il aussi indispensable que prendre soin de soi-même ?

→ Pourquoi le dialogue avec soi et avec les autres fait-il partie de la médecine socratique ? Comment le philosophe athénien pratique-t-il le dialogue ?

→ L'amitié et l'amour, tels que Socrate les conçoit, peuvent-ils être des remèdes efficaces aujourd'hui ? Au-delà des polémiques et des tensions qu'elle engendre, la pandémie nous aurait-elle rappelé la nécessité de l'entraide ?

→ Et aurait-elle replacé l'éthique au cœur de nos conduites individuelles ?

→ Donné l'occasion de croire en nous-mêmes et de revivifier nos valeurs collectives ?

Au revoir les âmes, bonjour les moi. « Montrez-moi quelqu'un qui n'a pas d'ego et je vous montrerai un perdant. Avoir un ego sain ou une haute opinion de soi, c'est un vrai truc positif dans la vie. » Ce tweet de Donald Trump mis en ligne en 2013 fait partie des vingt meilleures citations de l'ancien Président des Etats-Unis retenues sur le site du journal *Le Monde*. On connaît l'exhibitionnisme numérique de Donal Trump. Il résume ici comme une caricature exemplaire la culture narcissique qui domine notre époque.

Pour l'homme qui fut pendant quatre ans le dirigeant du pays le plus puissant et le plus suivi du monde, prendre soin de soi équivaut à se construire un « ego sain », c'est-à-dire à avoir une haute idée de soi-même. La santé individuelle réside dans le crédit que chacun s'accorde, dans l'intensité de l'investissement qu'il place en, lui-même.

Cette position n'est ni nouvelle ni critiquable en soi. Il y a deux siècles, le philosophe Hegel reconnaissait déjà comme un droit du sujet la recherche individuelle de satisfaction. Un sujet particulier libre : tel est, selon Hegel, l'homme des temps modernes. L'individu bien pensé et bien pratiqué est un des piliers de la démocratie libérale et de sa culture ordinaire.

Ce qui l'est moins c'est peut-être l'infléchissement, voire la perversion, contemporaine de la pensée individualiste. Comme dit l'anthropologue Louis Dumont « l'homme pense en individu ». Ce qui signifie qu'il se pense prioritairement en dehors de son être social. C'est lui et seulement lui qui donne les sens qu'il veut au terme individu. Mais s'il pense et se pense en dehors des autres, il pense et se pense également contre eux.

Dans un tel univers fantasmatique, l'autre est tout simplement court-circuité. Il n'existe plus. Donald Trump n'a pas le monopole de ce déni d'autrui. Pur produit d'une vision économiste concurrentielle agressive et aveugle, ce type de reniement a débordé la surface du marché pour investir l'espace public tout entier. La sphère de l'entreprise et de l'emploi, celle des sexes et des générations, et plus largement celle de la plupart des échanges semblent désormais régies par ce narcissisme intensif et autoritaire.

On a pu croire longtemps que l'émergence de cet homme-ego n'était qu'un effet indirect, désolant et imposé, de l'atomisation sociale, une sorte de tribut à payer à la modernité. C'est une évidence aujourd'hui, il est au contraire, une affirmation, une revendication étroitement liée à un mode de vie formaté par l'économie.

Et plus encore, aussi paradoxal, que cela puisse être, l'individu libre est devenu une règle.

Le dogme du tout individu ne va pas sans contradiction. La plus centrale est sans doute d'enfermer la liberté dans une norme. Mais l'égocentrisme agressif ne va pas de soi, il possède un versant négatif. Il exige une lourde dépense psychique. Dépression, burn-out, addictions, désagrégation sociale et intellectuelle, manie du contrôle et de la sécurité, l'emballement narcissique a un coût individuel et collectif élevé. Et il n'est pas jusqu'à ses adhérents qui n'en paient le prix fort.

L'individu se pense et vit dans l'ignorance totale des autres, à peine troublé par leur présence lointaine emportée par d'autres champs de gravitation. Son isolement le livre à un monde artificiel, organisé autour d'impulsions personnelles que métabolisent des réseaux numériques et satellitaires. Le marketing de soi est désormais viral.

Les plus âgés s'effraient encore devant cet individualisme forcené qui régit les relations sociales. Les plus jeunes s'y égarent. Tous le subissent. Il en vient à consommer lui-même son prétexte (la liberté) et sa finalité (le plaisir). Pourrions-nous échapper à cette intoxication ? Le temps des catastrophes serait-il aussi celui d'un bain inévitable dans la mare morbide de Narcisse ?

***

« Quoi ! Tu es Athénien, citoyen de la plus grande cité du monde, la plus renommée pour sa science et sa puissance et tu n'as pas honte de donner tes soins à amasser le plus d'argent possible et à rechercher la réputation et les honneurs, tandis que de ta raison, de ta vérité, de ton âme, tu ne daignes pas en prendre aucun soin, aucun souci ? » En expliquant à ses juges ce qu'il a tenté d'apporter à ses concitoyens à travers sa thérapie philosophique, Socrate attaque bien, avant l'heure, les déclarations débridées de Donald Trump.

Dans la cité d'Athènes, la démocratie s'est rétablie, mais elle n'est plus que la parodie d'elle-même, elle n'est plus vivable, minée par les appétits individuels, livrée à des intérêts divergents et inconciliables. C'est dans ce contexte politique pathogène que Socrate invite ses compatriotes à s'occuper d'eux-mêmes. Il leur rappelle la nécessité de se focaliser non sur leur argent, leur image, leur corps, non sur ce qui leur appartient, mais sur ce qu'ils sont : des hommes libres, capables de penser par eux-mêmes et socialement unis par des liens solides. Il les encourage à revenir à l'essentiel et à prendre soin de cet essentiel pour se rendre meilleurs, plus efficaces, plus éclairés et pour éviter le naufrage collectif.

Ce soin, compris comme un soin de l'âme, se distingue d'un intérêt individualiste qu'il faudrait porter à sa personne, à ses goûts et plaisirs sensibles. L'être dont il est question, c'est d'abord l'être politique. L'individu grec ne se conçoit pas en dehors de la cité. Pour Socrate, pour Platon, et comme pour Aristote qui en figera la formule, l'homme est « un animal politique ».

Cela signifie qu'il est fils d'une cité, qu'il ne peut penser ni être pensé en dehors de cet environnement politique et social qui lui vaut pour écosystème. Si l'homme est un animal politique, c'est d'abord pour des raisons économiques évidentes. D'où provient la cité ? Comment naissent les sociétés humaines ? Socrate répond à ces questions dans le livre II de *La République.* « Il y a selon moi, naissance d'une société, du fait que chacun de nous, loin de se suffire à lui-même, a au contraire besoin d'un grand nombre de gens. »

L'insuffisance individuelle est à l'origine de la cité originelle, elle fonde le vivre ensemble, « un homme s'en adjoignant un autre en raison du besoin qu'il a d'une chose, un second en raison du besoin d'une autre ; une telle multiplicité des besoins amenant à s'assembler sur un même lieu d'habitation une multiplicité d'hommes qui vivent en communauté et entraide, c'est pour cette façon d'habiter ensemble que nous avons institué le nom de société politique. »

L'individu ne peut trouver en lui-même son auto-suffisance. Dans la genèse qu'il effectue, Socrate pose comme un point de départ qu'une communauté s'organise et se développe sur la base d'une entraide entre des individus démunis et fragiles face à un environnement hostile. Elle le fait aussi et surtout par l'échange de biens et de services. C'est cette réciprocité nécessaire qui, répondant à des besoins élémentaires, fonde l'ordre social humain.

Mais la cité grecque est aussi un espace politique singulier où des hommes libres et égaux, délibèrent des actions à mener, rendent la justice, défendent leur territoire. Il ne s'agit pas ici de le surestimer, d'en méconnaître les limites et les zones d'ombre, notamment son assisse esclavagiste, mais d'en rappeler la structure.

En tant qu'individu Socrate n'y échappe pas et reste soumis aux lois implacables de la cité ; condamné à mort par un tribunal populaire, il en est une victime.

Ce que Socrate cherche à instiller dans l'esprit de ses concitoyens, ce n'est pas qu'il faut s'occuper des affaires de la cité, ils ne cessent de s'y vouer, car telle est leur principale activité, mais de s'occuper de la cité elle-même. Il les appelle à se recentrer sur les principes et les valeurs qui lui servent de fondement et dont elle s'écarte. Dans ce sens, pour reprendre l'expression de Pierre Hadot, « le souci de soi est indissociablement souci de la cité. »

Il est également souci des autres. Car l'animal politique est aussi un être social. La cité est un espace d'échange et de discours. L'homme grec n'est pas un sujet au temps où nous l'entendons, ce n'est pas un *moi*. En tout cas l'expérience qu'il peut faire de son moi est, selon Jean-Pierre Vernant, « orientée vers le dehors non vers le dedans. » L'individu grec serait, selon lui, un individu extraverti qui ne se saisit que dans ses actions et sa conduite. « Il n'y a pas d'introspection. Le sujet ne constitue pas un monde intérieur clos dans lequel il doit pénétrer pour se retrouver ou se découvrir. »

Il est donc logique de voir Socrate développer une philosophie essentiellement dialoguée. Une philosophie de communication, qui écarte le parti pris subjectiviste des sophistes et incite à l'enquête mutuelle. Et même si cette enquête n'aboutit pas à une conclusion tranchée, elle anime et stimule, l'intersubjectivité, l'esprit de coopération, l'entente, plus gratifiantes et plus constructives que « la haute opinion de soi ». C'est dans la relation à l'autre que l'âme découvre son essence, sa capacité de raisonner, de critiquer les idées préconçues ou les opinions communes. Elle accède à un espace qui appartient à tous, la surface de partage et d'universalité qu'ouvre la raison.

La pensée personnelle est déjà un entretien de soi à soi. Le choix de l'action, l'engagement éthique résulte de cette discussion menée dans le for intérieur, de cette conscience qui s'examine. En elle-même, elle est rapport à soi, dialogue. Et, comme Socrate l'a expliqué à son ami Alcibiade, elle se saisit au plus haut point dans la relation à une autre âme.

La position que prend Socrate dans l'enquête mutuelle est instructive, il conduit le dialogue, certes, mais il ne cherche jamais à dominer son interlocuteur, à lui imposer son point de vue et encore moins à assurer sur une emprise. Au contraire, il se place à son service. « Je n'ai jamais été le maître de personne…Je ne suis pas homme à, parler pour de l'argent et à me taire si l'on ne m'en donne pas…Je me mets à la disposition des pauvres comme des riches… » La philosophie socratique se revendique comme un service public gratuit.

L'être social et raisonnable dont il faut prendre soin n'est pas totalement de nature intellectuelle, loin s'en faut. Il intègre une dimension affective. La relation avec les autres, n'a pas à être cherchée ni établie. Elle préexiste à la subjectivité. La cité précède et conditionne l'individu. La relation à l'autre n'est pas, comme pour nous, faite de différence et de rivalité, mais de proximité. Socrate la nomme « convenance ». La convenance synthétise ce qui m'est proche (parent, familier) et ce qui m'est propre (qui m'appartient et me convient). « Nous aimons, ce qui est en convenance avec nous », estime Socrate.

Cette conception de l'amitié associe dans une communauté d'essence, ce qui est en nous et ce qui est hors de nous, la tendance intérieure et l'objet d'affection qui se manifeste d'abord sous la forme d'un manque. Dans l'amitié selon Socrate, l'autre et le moi sont de la même famille, de la même maison, mais chacun conserve sa distance, son autonomie par rapport à l'autre. Et c'est par l'amitié que le désir, commun à tous, peut s'orienter vers un bonheur vécu et partagé.

Le Banquet, un des dialogues les plus célèbres de Platon, met en scène une discussion passionnée sur le thème de l'amour. On y voit le philosophe, partager un moment de fête et de convivialité conçu selon les critères de la culture athénienne : réunion entre hommes, beaux discours, beuverie et homosexualité. Socrate est d'ordinaire un homme sobre, pourtant ce jour-là il montre qu'il sait tenir l'alcool jusqu'au petit matin. Il participe donc pleinement et comme les autres à la soirée sans y occuper une quelconque place de conférencier philosophique.

L'un après l'autre, les participants exposent leurs conceptions de l'amour, ce qui permet à Platon de multiplier les perspectives sur le sujet et de le traiter dans toute sa complexité. Avant d'en venir au point de vue de Socrate, on peut évoquer les plus originales. Celle du médecin Eryximaque, qui célèbre dans l'amour l'union universelle. Pour lui, l'amour ne se cantonne pas au périmètre d'un sentiment humain. Il irrigue toute la nature et jusqu'à la matière. L'attirance réciproque de sexes différents dont il témoigne dans le monde humain est un principe actif qu'on retrouve à l'œuvre dans les corps où s'opposent le froid et le chaud, le sec et l'humide, la santé et la maladie. Selon lui, la médecine est un art de l'amour qui participe à l'établissement d'une harmonie universelle.

À cette dialectique médicale, le poète comique Aristophane oppose l'attirance du semblable pour le semblable. Il y avait à l'origine trois espèces d'hommes, raconte-t-il : des femmes, des hommes et des androgynes. Très puissants les androgynes en sont venus à menacer les dieux. Pour les punir les dieux ont partagé en deux les individus des trois espèces. « Puisque nous avons été coupés en deux comme des soles et que d'un nous sommes devenus deux, chacun cherche sa moitié. » L'homme partagé cherche une moitié homme, la femme une moitié femme. Les moitiés du composé initial cherchent leur part manquante. Comment expliquer que la plupart des femmes et des hommes se marient ? Seule la contrainte de la loi et non la nature pour Aristophane les soumet au mariage. Mais l'amour dans tous les cas de figure est reconstitution de l'unité primitive perdue.

Quand vient son tour de parole, fidèle à ses principes qui lui font refuser de jouer les maîtres à penser, Socrate évite de donner son point de vue ; il se réfère à ce qu'il tient d'une certaine Diotime, prêtresse de la cité de Mantinée. C'est une experte dans les choses de l'amour qui l'aurait initié à son savoir ésotérique. On ignore si cet apprentissage a eu un tour érotique. Socrate ne refusait aucun plaisir. Marié, bigame, on peut supposer que, comme tous les hommes d'Athènes, il a eu dans sa vie plusieurs amants. Toutefois au sujet de Diotime, il n'évoque qu'une initiation théorique.

La prêtresse lui aurait révélé l'existence d'un mythe autour de la naissance d'Éros, le dieu de l'Amour. Il serait le fils de deux petites divinités *Pénia* (la Pauvreté) et *Poros* (l'Abondance). Il tient de son père une grande énergie et une multitude de ressources. Courageux et ardent, il se montre également rusé et débrouillard, vaguement magicien, sophiste aussi et encore philosophe. Mais, dur et sec comme sa mère, c'est un vagabond, un va nu-pied qui dort dans les rues.

Éros est un dieu hybride, mixte, à la fois milliardaire et sans domicile fixe. Manque et satiété ; désir et plaisir ; privation et possession, bonheur et peine : Éros est double, ambivalent, passant de l'une à l'autre de ses composantes génétiques, de manière aléatoire et toujours réversible.

Éros n'est pas véritablement un dieu lui-même, c'est ce que les Grecs appellent un démon, une sorte d'ange, c'est-à-dire un messager, un agent de liaison. Il est ainsi à la fois et alternativement orienté vers la science et vers l'ignorance. Le rapprochement entre l'amour et la philosophie devient donc inévitable. « Il est donc nécessaire que l'Amour soit philosophe et, s'il philosophe, qu'il tienne le milieu entre le savant et l'ignorant. » L'amour et l'activité philosophique sont du même ordre. La pensée elle-même est habitée et mue par le désir.

L'appellation même de l'activité que promeut Socrate porte la marque de cette connivence d'essence. Elle est selon l'étymologie, amour, désir, recherche de la sagesse. La philosophie refuse l'ignorance commune mais elle n'est ni science ni sagesse. Elle tente seulement d'y accéder. La science absolue, la sagesse totale n'appartiennent qu'aux dieux. Les hommes sont pour leur part ignorants mais ils possèdent une attirance pour la lumière qu'il leur revient de reconnaître et d'exploiter. « L'étymologie du mot *philosophia* devient le programme même de la philosophie » résume Pierre Hadot. La tension se fait projet.

L'activité philosophique est donc une forme d'amour, elle porte une charge désirante. Elle se pratique au cœur de la cité, avec les autres et au profit de tous. Platon, sans doute sous le choc de la condamnation à mort de Socrate et instruit par ses expériences politiques négatives, l'infléchira dans le sens d'un enseignement et d'une éducation. Mais pour Socrate, c'est essentiellement une manière de vivre fondée sur le dialogue. Dialogue intellectuel, entre des pensées libres d'hommes libres, mais dialogue social tissant dans l'échange verbal et passionné une autre façon de vivre ensemble.

À travers sa description d'Éros, Socrate esquisse en définitive son autoportrait. Car Socrate est bien ce philosophe aux pieds-nus, vêtu d'un vieux manteau. Un homme grec sans fortune, qui refuse les esclaves que ses amis riches lui offrent. C'est un amoureux de la sagesse parce qu'il s'en sait dépourvu. Comme Éros, qui rapproche les êtres et leur ouvre la voie d'un monde transcendant, le philosophe athénien, amoureux et chercheur de sagesse, dialogue avec ses concitoyens et les oriente vers une réalité supérieure, identifiée comme un bien commun. Il leur rappelle ce qu'ils négligent dans leur vie quotidienne, quand ils sont emportés par des appétits démesurés et des illusions toxiques, à savoir une puissance de dépassement qui les définit et les anime.

Car les révélations de Diotime rapportées par Socrate vont beaucoup plus loin que la simple définition de l'élan ou du sentiment amoureux. L'amour devient la cause de tout ce qui est positif dans l'Homme, il l'initie à ce qui est beau et à ce qui bon. Ce qui est aimé dans l'amour, « c'est l'amour de la génération et de l'enfantement par le beau. » Bien avant la libido de la psychanalyse, Socrate et Platon conçoivent l'amour comme une énergie à la fois physique et psychique, une force de synthèse et de globalité.

« La génération est pour un mortel quelque chose d'immortel et d'éternel. » Dans l'amour s'affirme l'ensemble des fonctions qui s'opposent à la mort et au néant. Et cette même puissance effective se manifeste sur toute la chaîne vitale, de l'instinct aux plus hautes formes de la sublimation, des pulsions primaires jusqu'aux explorations spirituelles les plus poussées, de l'animal qui protège sa progéniture au héros qui se sacrifie pour sa cité.

Par la génération, l'homme perpétue son espèce et prolonge dans ses descendants la vie qu'il anime.

« C'est de cette façon que tout ce qui est mortel se conserve, non point en restant toujours le même, comme ce qui est divin mais en laissant toujours à la place de l'individu qui s'en va et vieillit un jeune qui lui ressemble. » Cette génération-régénération continue joue également dans l'âme, elle structure le savoir et le sujet connaissant. « Nos connaissances tantôt naissent et meurent en nous, et nous ne sommes jamais identiques à nous-mêmes. » Les connaissances s'enfuient, s'oublient et, avec elles, notre identité. Mais la mémoire et la réflexion, permettent encore à la pensée de surmonter sa disparition.

C'est pourquoi « la vie qui s'examine » reste en définitive toujours au service de la vie. Portée par ce désir d'immortalité et de transcendance, elle s'oppose à tout ce qui néantise l'Homme. Mais elle ne vise pas le maintien en l'état de la vie, la simple survie. Elle pense et intègre en elle une étrange poussée, qui l'incite à mourir pour renaître d'une autre vie. Telle est bien la vie de la pensée selon Socrate. Elle se nie, se réfute, se contredit dans un premier mouvement pour se libérer de ses illusions et de ses premières opinions et s'élancer un peu plus loin.

Elle n'atteint jamais un savoir ultime, encore moins une vérité définitive, mais au moins s'est-elle prémunie contre l'ignorance, ce mal secret, ce poison interne qui l'empêche de s'accomplir. En se livrant à son propre examen, l'âme, (la pensée humaine) trouve le principe de son action et de son engagement. La conscience est cette faculté d'examen qui introduit l'homme dans le monde de l'éthique et de la responsabilité.

Pour illustrer ce débat intérieur qui préside au rapport à soi et encore plus au choix de l'action, à la décision, Socrate évoque un *daïmon* qui joue en lui le rôle d'un interlocuteur interne. Il confie en avoir eu souvent l'expérience. Il ne s'agit pas, comme dans la mythologie chrétienne, d'un esprit tentateur poussant au mal. Ce démon n'est pas non plus un ange gardien moralisateur. C'est un veilleur silencieux, qui retient Socrate d'engager telle ou telle action. « Expérience mystique ou image mythique, il est difficile de le dire », avoue Pierre Hadot. Mais si l'on admet que la structure psychique de l'homme grec est tout entière extériorisée, on pourra reconnaître dans ce démon un embryon, une anticipation de ce que nous appelons la conscience.

Le jour de son procès, le démon ne s'est pas manifesté. Socrate en a conclu que les choses devaient s'accomplir telles qu'elles s'accomplissaient et qu'il ne servirait à rien de s'y opposer. Cela ne l'a pas empêché de rester debout face à cinq cents juges, dans l'ambiance électrique d'un procès populaire, au cœur d'un tribunal soumis à la versatilité de l'opinion commune et aux passions grégaires. Aucun signe divin prohibitif, aucune interrogation personnelle, aucune appréhension, rien n'est venu troubler l'accusé.

Socrate comprend qu'il n'échappera pas à son sort, sauf à se renier. « Voilà en effet la vraie règle de conduite : tout homme qui a choisi un poste parce qu'il le jugeait le plus honorable…doit, selon moi, y rester quel que soit le danger et ne considérer ni la mort ni aucun autre péril mais avant tout l'honneur. » L'accord avec soi est à la source de l'action morale. Socrate s'estime victime de calomnies. Il n'a rien à se reprocher. Il croit être dans le bien et le vrai. Il soutient donc, sans qu'on le lui demande, qu'il ne changerait rien à son activité philosophique, s'il fallait y renoncer pour rester en vie. Il ne se renie pas. Il n'implore pas ses juges. Mais il refuse d'abjurer ou de se compromettre. Après le procès, il écarte l'évasion et l'exil. Il reste à la fois un homme libre et un citoyen respectueux des lois athéniennes.

On s'est interrogé sur l'attitude de Socrate. Cache-t-elle une envie de mourir, une lassitude de septuagénaire ? Révèle-t-elle un caractère trop fier, alors aveugle aux risques encourus quand on provoque un tribunal populaire ? Un goût inconscient pour la transgression ? Pourtant, « la belle espérance » d'une vie après la mort dont il fait part dans sa prison à ses derniers visiteurs témoigne encore d'un réel désir d'avenir et, donc, de vie. Pendant et après son procès, Socrate reste en tout cas fidèle à ses convictions. Son attitude est cohérente avec la vision d'une vie nouvelle qu'il a proposée à une Athènes moribonde. Une vie au service des autres, à la fois libre et responsable.

***

Centrés sur leur intérêt, leur souci et leur plaisir personnel, détournés de toute préoccupation sociale et dépolitisés, les hommes d'aujourd'hui vivent et assument un destin solitaire. Mais la lumière crue de catastrophes et des malheurs apporte de cinglants démentis anti-individualistes.

La pandémie de coronavirus a ainsi redit à tout un chacun son appartenance à une espèce vivante. La notion d'individu suggère l'idée d'un entité à la fois séparée et indivisible. En même temps qu'elle nous rappelle nos déterminations biologiques, la réalité virale, avec sa circulation, ses chaînes de contamination, le caractère aléatoire mais létal de sa transmission, nous a soudain réinscrit dans un environnement humain aux pesanteurs et aux risques incroyables. Nous passions d'un *moi* individué et autonome à un *nous* de dépendance et de fusion organique.

Nous nous pensons comme des individus, des êtres indivisibles, selon l'étymologie, c'est-à-dire des unités irréductibles mais séparées, distinctes des autres. Des foyers d'autorité et de sens, capables de se donner eux-mêmes leur règle de fonctionnement et leurs valeurs. Parce qu'ils échappe à notre maîtrise, et à nos préoccupations immédiates, nous oublions facilement le réseau de déterminations souterraines, le plus souvent muettes et inconscientes , de notre corps vivant. Les relations essentielles, fines et complexes, qu'il entretient avec son milieu nous restent inaperçues.

Avec l'épidémie, nous avons mesuré l'importance capitale de notre substrat biologique, soumis aux agressions virales et dépendant de son système immunitaire. Cet être vivant, qui d'ordinaire palpite en nous en sourdine, a soudain pris le dessus sur le moi conscient maître et possesseur de son existence dans lequel nous aimons nous reconnaître. Quel paradoxe déstabilisant à soutenir cette cohabitation avec un être naturel aussi vulnérable et sans prise sur l'impérieuse loterie organique et chimique qui préside à son existence ! Ce n'était pas seulement la santé qui prenait le pas sur toutes nos valeurs majeures, c'était le biologique qui dominait l'existentiel.

L'épidémie est venue nous rappeler la réalité de la mécanique invisible, mêlant déterminisme et aléatoire, qui règle notre condition de vivant (l'état du corps, sa fragilité, sa santé, sa finitude mortelle). Pour y faire face, la sécurité collective a pris le dessus sur la liberté personnelle d'aller et venir, de travailler, de rencontrer. Sur ces deux versants, la Covid-19 a triomphé des représentations naïves que nous nous faisons de la liberté ; elle a brisé nos certitudes individualistes. Notre singularité de personne se fondait dans notre individualité de vivant et celle-ci se voyait aspirée par l'espèce.

Mais l'épidémie nous a aussi resitué au cœur de notre être social. En 2020, lors du premier confinement provoqué par la pandémie de Covid-19, nous avons mesuré la réalité d'une interdépendance que les mirages de l'individualisme occultent. De loin en loin, dans la nuit de notre isolement, comme les feux des bergers dans les anciennes campagnes, s'allumaient des signes et des actes de présence. Les soignants, dans des conditions extrêmes où leur vie était en jeu, s'employaient à faire face à la vague épidémique. Sans rechigner, après pourtant des mois de manifestations sur leurs conditions de travail et leur dénigrement, ils ont rempli leur mission, au-delà de la peur et jusqu'au sacrifice. Eux, dont on entendait dire depuis si longtemps qu'ils n'étaient qu'un poste de coût insupportable, devenaient la dernière richesse humaine, le vrai capital resurgi dans le désert pandémique.

Et avec eux, une longue chaîne de métiers indispensables assurait notre protection et notre ravitaillement : les fonctionnaires mais aussi les pharmaciens, les buralistes, les livreurs, les éboueurs. Ils faisaient vivre ce qui tient une société debout et qui la fait avancer : l'interdépendance, certes, mais aussi la solidarité. Ce mot galvaudé exprime encore le lien affectif qui fait tenir ensemble les membres d'une société. Il dit l'obligation réciproque sur laquelle repose tout contrat social. Au-delà, il annonce une exigence éthique plus haute encore : une contribution mutuelle à la pratique de l'humanité. Il fait apparaître un véritable système de défense propre à l'espèce.

L'expérience inédite du confinement a apporté la preuve cinglante que, sous l'individu proclamé et adulé, perce rapidement un être social, exposé, démuni, mais surtout avide de compagnie et de rencontres. Sa leçon renversante revenait à dessaisir le moi de sa centralité. La vie intérieure se peuplait en réalité de l'absence des autres. Chaque jour qui passait, loin de marquer une progression dans la connaissance ou la jouissance de soi, amplifiait au contraire la force d'une irrésistible aspiration par les autres. Nous vivions une plongée dans un océan d'altérité. Et notre insuffisance nous claquait à la figure comme si on eût jeté un rocher dans la mare d'un Narcisse sur le point de succomber au vertige de son image, au contact presque de son reflet.

Les autres, c'étaient ceux qu'on aimait et qu'on ne voyait plus, qu'on ne touchait plus, qu'on n'embrassait plus. Nous étions tous rabattus au degré affectif zéro, aux antipodes de l'individu sacralisé qui n'aurait besoin que de lui pour exister. L'activité économique mise entre parenthèses, la compétition entre les hommes, n'avait plus lieu d'être. C'était le repos du guerrier libéral. Dans l'enclos du confinement, les lions combatifs se métamorphosaient en bovins inquiets ruminant leur solitude.

Nous rêvions de compagnie, de terrasses de café, de banquets où, comme Socrate et ses amis, nous pourrions célébrer et partager notre art de vivre. Cette convivialité, dont on ne sait plus si elle est le pansement de notre maladie sociale ou l'original dégradé. Au plus profond de notre intimité, l'absence des autres aimés nous ramenait au constat d'une structure autrui incrustée en nous autour de laquelle nous nous construisons. Dans les couches les plus profondes de notre intimité, nous constations la préexistence oubliée des autres. Sa présence bénéfique, apaisante, indispensable, remontait du fond de la mémoire avec la vigueur d'une impression d'enfance inscrite dans les couches lointaines, obscures, de notre histoire.

Le confinement nous donnait aussi une leçon de décence et d'humilité. Au-delà de nos murs et de nos cercles de sortie autorisée, une humanité restait en service pour assurer nos existences. En première ligne, le personnel soignant qui œuvrait dans des conditions dangereuses exigeant jusqu'au sacrifice et avec lui un peuple minimal dédié à la survie collective. Nous, si égocentriques, si fiers, nous consentions à la gratitude, dans un relâchement puéril et vaguement hypocrite.

De l'autre en moi et de l'autre avec moi. Nous avons ainsi pu revisiter les fondations de notre identité. Nous n'étions pas des cow-boys solitaires, des Lucky Lucke sans attaches, emportés par la fatalité d'une individualité aveugle et conquérante. Dans le désert du confinement une voix silencieuse en nous clamait notre misère et notre manque. Le temps quotidien consacré aux échanges téléphoniques, aux sessions vidéo et aux messageries augmentait de façon vertigineuse. Et cette scénographie numérique rendait plus palpable encore l'absence des liens réels. Nous nous retrouvions au carrefour de tous les paradoxes, à nous mais confinés, séparés mais ensemble…

Chaque catastrophe suscite un sentiment de compassion générale qui est la marque de l'humain. Si l'homme fait du mal à l'homme, il est aussi capable de s'identifier à l'homme qui souffre, de comprendre sa souffrance même s'il ne l'éprouve pas lui-même. Cette émotion induite se traduit par des dons, des aides et des secours internationaux. La recherche de bonne conscience et d'image diplomatique n'est jamais totalement à exclure dans ces attitudes. La riposte médiatique peut d'ailleurs s'avérer inutile et contre-productive. Le tsunami de décembre 2004 qui a ravagé l'Asie du Sud-Est a mobilisé en un temps record près de 13 milliards de dollars de fonds privés et publics. La gestion de ces aides massives et indifférenciées s'avère difficile. Ce problème conduisit d'ailleurs Médecins Sans Frontières à ne plus accepter de dons, ce qui donna lieu à une intense controverse. Cet élan spontané peut venir cacher la réalité du terrain et générer des mythes qui voilent notre approche des catastrophes.

Parmi ceux-ci, Rony Brauman, dans un article de 2006 (*Catastrophes naturelles : Mythes et réalités*) a identifié celui qui consiste à méconnaître la capacité de réaction des populations éprouvées. « Les populations frappées par de telles catastrophes seraient plongées dans un état de torpeur les empêchant de se prendre en charge. La vogue que connaît la notion très discutable d'état de stress post traumatique » a considérablement renforcé cette croyance, elle aussi dérivée des représentations de la guerre. »

Dans les situations limites, le salut individuel et plus trivialement le « chacun pour soi » au fondement de l'éthique individualiste s'efface brusquement. « Au contraire, poursuit Roni Brauman, le fait marquant est l'organisation immédiate de la solidarité locale, la mise en place de structures d'accueil, la distribution de vivres, le désencombrement, la recherche des disparus etc. Les états de choc existent, les comportements antisociaux de prédation ou d'indifférence également, mais ce sont des cas isolés et les réactions spontanées majoritaires sont de coopération et d'entraide. »

Les recherches des anthropologues nous apprennent que les tribus préhistoriques n'abandonnaient pas leurs blessés ni les plus âgés de leurs membres. La solidarité humaine ignore le temps et la géographie, c'est une donnée d'essence. Énée en incarne la plus haute figure mythique. Rare survivant du génocide des Troyens, Le héros fuit sa ville ravagée, son père sur ses épaules et son fils à la main. Tragique cortège, mais porteur d'une promesse qui se perpétue dans la chaîne des générations.

L'homme tue l'homme, mais il le soigne aussi et peut aussi mourir pour lui. En 1986, peu après l'explosion du réacteur de la centrale nucléaire de Tchernobyl, on a pu voir ces terribles images de groupes d'hommes courant vers le foyer radioactif. On a appelé les « liquidateurs » ces dizaines de milliers d'hommes qui, dans la fournaise nucléaire, ont déblayé les décombres à la pelle et construit le sarcophage de béton qui recouvre le réacteur n°4. Un autre nom étonnant leur a été donné : « les robots humains », sans doute parce qu'ils allaient encore là où aucune machine ne pouvait accéder. Ou alors parce que leur don de soi touchait à l'inhumain.

Des dizaines de milliers de « liquidateurs » ont payé de leur vie leur comportement héroïque. Ceux qui ont survécu à une irradiation mortelle ont longtemps souffert d'allergies, de diabète, de maladies cardio-vasculaires...Ils finissent leur vie dans l'indifférence générale et la misère. En 2019, hommage sans doute à l'étrange dualité humaine, la catastrophe a fait l'objet d'une mini-série produite avec un budget de 250 millions de dollars, suivie par près de 9 millions de téléspectateurs et fortement récompensée (*Emmy Awards* 2019 et *Golden Globes* 2020). Les voies de nos catharsis sont parfois sidérantes...

Le sacrifice de soi existe de façon indéniable. Sa tension tragique interne – la vie s'immole pour se perpétuer –, paraît surhumaine, voire inhumaine. Elle force l'oublieuse et inconstante conscience collective à rapidement s'en détourner. Pourtant à la lumière crue des catastrophes et des malheurs et sans pour autant leur trouver là un bénéfice qu'il faudrait rechercher, un visage contraire de l'humain s'éclaire. Le voile de l'oubli et du refoulement se dissipe. « Ce qu'on apprend au milieu des fléaux, c'est qu'il existe dans les hommes plus de choses à admirer qu'à mépriser », constate le narrateur dans *La Peste* d'Albert Camus.

Solidarité nationale, générationnelle, internationale : enlisés dans la réalité virale, débarrassés de notre camisole ultra-individualiste, nous avons renoué avec notre identité authentique. Aux antipodes du credo narcissique, nous sommes remontés vers la source de notre condition, à cette société humaine qui, depuis la nuit des temps s'affirme comme une communauté de coopération et d'entraide, d'engagement et de résistance. Comme des primitifs saluant par leurs rites quelque puissance obscure mais protectrice, nous chantions et nous dansions, sur le coup de 20 heures, pour manifester notre reconnaissance.

Dans un texte célèbre, Kant a souligné le paradoxe remarquable d'une « insociable sociabilité » inscrite au cœur de la condition humaine. D'un côté, « l'homme a une inclination à s'associer parce que, dans un tel état, il se sent plus qu'homme, c'est-à-dire qu'il sent le développement de ses dispositions naturelles. » Le confinement dû à la pandémie, mais aussi tout un ensemble de situations malheureuses, rappellent ainsi l'utilité et la nécessité des relations avec les autres. En même temps, poursuit Kant, « l'homme « trouve en lui-même l'insociabilité qui fait qu'il veut tout régler à sa guise et il s'attend surtout à provoquer une opposition des autres. » La liberté individuelle veut s'imposer, elle a besoin de s'opposer à d'autre libertés pour exister et s'affirmer.

Dans l'épidémie c'est la sociabilité qui est revenue au premier rang. En creux, en distanciel, non comme une voie possible, mais comme une réalité incontestable. Seuls, nous n'étions rien. Hors la cité, ses contraintes et ses plaisirs, ses fêtes et ses activités, notre être individuel n'était qu'un ectoplasme. Notre intimité la plus obscure s'orientait vers les autres. L'être social s'incrustait jusque dans le labyrinthe invisible de la vie biologique collective. Chacun a ainsi pu mesurer le caractère artificiel de l'insociabilité unilatérale qui sert de principe à la doxa individualiste.

Les crises et les catastrophes apportent encore un bénéfice collectif. L'individu post-moderne serait devenu un être sans morale, à la fois déboussolé et peu regardant sur les principes. L'épidémie a sur ce plan aussi retourné la situation ou tout au moins les préjugés. En temps ordinaire, les problèmes essentiels touchant à notre vie sont prudemment laissés sur le côté. Nous les confions à des comités *ad hoc* qui interviennent la plupart du temps après coup, placés devant le fait accompli. Les problèmes éthiques se posent quand les prouesses de la technoscience ont déjà créé les situations qui les rendent à la fois possibles et difficilement solubles. Et le plus souvent, l'utilitarisme économique brouille leur approche sous une logique de quantité et de coûts financiers. Tout semble déjà joué.

L'épidémie a fait revenir l'éthique au cœur du débat public et des tables familiales. De multiples fronts de discussion se sont ouverts, argumentés et passionnés. Tous paraissent exemplaires d'un retour du questionnement éthique , lui-même extraordinaire par les thèmes soulevés, sur la scène de notre doxa morale. Le masque a ainsi constitué très vite un sujet sensible. On passe ici sur la pénurie initiale, les contradictions médicales et le mensonge officiel. Son port est devenu obligatoire, ce qui n'allait pas de soi, d'abord parce qu'il affecte le vécu corporel, ensuite parce qu'il prenait à revers une spécificité de la culture française hostile à la dissimulation du visage dans l'espace public.

Mais ce sont les raisons mêmes de porter un masque qui ont longtemps paru peu claires et donc été suspectées. Le masque sanitaire ne protège pas son porteur mais son entourage. Il n'est efficace que si les autres en ont un. À première vue, c'est chose absurde, puisque si tout le monde fait de même, le masque ne sert à rien. Du point de vue du seul individu, le pli à prendre n'est pas évident.

L'épidémie et les conditions de sa contamination ont imposé une autre logique, collective celle-là. Si tout le monde se masque nous évitons la propagation du virus. Il y a donc un bénéfice à la fois commun et, au bout du compte, individuel à porter un masque. Calibrés par une vision individualiste nous avions oublié cette dimension. Le virus - sans qu'il en ait quelconque intention – nous a tous réinscrit dans un collectif biologique, certes difficile à accepter, mais qui retourne l'approche courante de notre vie. Protéger les autres pour se protéger soi-même, c'est une version actualisée du principe moral élémentaire qui appelle à respecter, aider, aimer son semblable.

Un deuxième débat, plus intense encore, a surgi en 2020, dans la première phase du confinement et il accompagne le suivi des graphiques sanitaires. À la santé, il oppose la liberté. La vie humaine ne se pas réduit pas à ses déterminations biologiques. C'est une vie libre dont la seule aspiration est d'accroître sa liberté. Socrate ne disait-il pas la même chose : une vie qui ne se met pas à l'épreuve de sa liberté n'est pas digne d'être vécue ? L'existence en mode épidémique réduit considérablement les libertés fondamentales, de circuler, de travailler, de se rassembler, d'aimer...En France, elle a bousculé le calendrier électoral, instauré un état d'urgence. Des voix se sont donc élevées légitimement – celles d'éminents philosophes parfois – pour dénoncer une sortie dangereuse des glissières démocratiques.

La question de la vaccination obligatoire qui s'est posée à l'été 2021 a redoublé et amplifié cette problématique. Les radicaux de la liberté ont manifesté leur refus farouche de respecter les injonctions gouvernementales. L'obligation à se vacciner butait contre le désir légitime de disposer de son corps et de choisir son mode de vie. Pourtant, au nom même de leur liberté individuelle, les opposants au vaccin ne risquaient-ils pas de la perdre un peu plus dans un nouveau confinement ? Et la vaccination n'est-elle pas encore le meilleur rempart contre l'épidémie ?

On n'a jamais vu de défunts développer une entreprise, faire la fête ou discuter à la terrasse d'un café. La culture, souvent caricaturale mais toujours bien orchestrée… de la liberté, s'est dressée devant la menace virale. La nécessité lui donnait l'occasion d'examiner ses limites verbales. Chacun est en effet libre de prendre des risques, mais pas de les faire prendre aux autres. Or la résistance « libertaire », aussi désordonnée, aussi peu raisonnable, soit-elle reste indispensable. C'est un signe de vitalité démocratique. La situation a ouvert le débat dans une société qu'on croyait passive et résignée dans la seule jouissance de soi.

La troisième question, moins médiatiquement avouable, mais glissant furtivement entre les lèvres et dans les esprits est liée au coût financier de l'épidémie. On en connaît clairement les termes généraux : la vie humaine a-t-elle un coût, au même titre qu'un voiture ou qu'une orange, ou bien a-t-elle un prix ? Sa valeur est-elle simplement comptable, comme on l'estime de plus en plus dans une approche économiste, ou bien est-elle transcendante ? De manière voilée, compte tenu des conséquences prévisibles désastreuses d'une activité économique si longtemps paralysée, on se demandait si l'enjeu valait la chandelle. Fallait-il bloquer production et consommation pour sauver des personnes de toute façon en fin de vie ? La plupart des communautés humaines – certaines avec du retard, comme aux États-Unis ou au Brésil – ont choisi la vie des hommes reléguant au second plan les calculs financiers. L'éthique a pris le dessus, même si ce n'est pas au nom de principes métaphysiques. Mais pas complètement. Au printemps 2021 en France on a préféré jusqu'à trois cents morts par jour à un confinement plus rigoureux.

Ces débats nous enseignent qui nous sommes. La vie qui s'examine ne se coupe jamais complètement de son substrat biologique. Mais elle défend farouchement sa liberté tout en se questionnant sur les termes et les finalités de celle-ci. Elle n'est pas prête à tout céder à la raison économique et à l'individualisme. Elle refuse d'obtempérer à des injonctions politiques.

Mais les catastrophes resserrent aussi les rangs. Elles apportent, de façon temporaire mais cinglante, une série de démentis aux croyance dominantes. Le premier d'entre eux frappe les valeurs de l'économisme qui voudrait que les conduites humaines soient régies uniquement par l'intérêt financier et l'utilité immédiate. Dans les situations limites, l'entraide et la coopération – qui d'ailleurs ne cessent pas d'exister dans la vie ordinaire —, reviennent sur l'avant-scène. On redécouvre des comportements spontanés de protection et d'assistance. Le sens du devoir, si décrié aujourd'hui au nom de la liberté, reprend de la vigueur. L'étrange sacrifice de soi, qui allie réflexe animal et transcendance, dicte des conduites extrêmes qui ont valeur d'exemples et forcent l'admiration. L'éthique domine l'économie.

Les situations de crise, c'est le troisième démenti, nous décrochent du monde de l'avoir avec ses illusions et ses croyances, pour nous placer dans la lumière de ce que nous sommes. À l'image des âmes captives de la caverne de Socrate et Platon, nous y apercevons la pleine lumière de ce qui est positif et bon pour les hommes. Il se peut que nous soyons voués à cette impasse tragique, que nous n'ayons droit à saisir notre vérité que sous l'effet d'une brusque éclaircie produite par le malheur. Il est évident que les leçons du réel s'oublient vite, que les volontés de puissance et de violence retrouvent rapidement toute leur vigueur. Au bout de quelques semaines de confinement, nous avons compris que la situation profitait à la fois aux marchands de masques et aux vendeurs en ligne.

C'est sur le sol de l'être que nous retrouvons nos appuis et notre force motrice collective. Les situations critiques nous rétablissent dans la condition humaine et nous font traverser les écrans trompeurs des mythes et de l'idéologie individualistes. « Le vrai truc positif dans la vie » se trouve là aux antipodes de l'ego.

— Aller plus loin —

Sans aucun doute, rien ne saurait nous prémunir totalement contre les coups du sort, les accidents de la vie et les catastrophes. Mais le credo individualiste loin de contribuer à notre protection, l'affaiblit. Notre tâche est donc de renforcer nos défenses naturelles, celles qui font l'humanité depuis la nuit des temps. Avec une société orientée vers l'amitié et l'entraide. Où chacun s'immunise contre le panurgisme et l'irresponsabilité. Où chacun dans son cheminement, n'oublie pas de faire vivre une humanité au service d'elle-même et non plus de l'intérêt personnel. « Servir l'humanité » : c'était le programme de Diderot et des encyclopédistes. Il redevient d'une brûlante actualité.

On pourra bien approfondir en compagnie d'Hannah Arendt et de ses réflexions sur « le monde commun » notamment avec *Condition de l'homme moderne*, Pocket ; *Edifier un monde*, Traces écrites/Seuil ou *La politique a-t-elle encore un sens ?*, L'Herne.

VII

« L'injustice fait de l'homme l'ennemi de lui-même. »

→ Avons-nous un avenir politique ?

Croyons-nous encore aux valeurs démocratiques et à la citoyenneté ?

→ La volonté de puissance et la cupidité ne sont-elles pas aujourd'hui les moteurs les plus efficaces des conduites humaines ?

→ La justice en définitive ne désigne-t-elle pas l'intérêt du plus fort ?

→ L'injustice n'est-elle pas naturelle ?

→ Pourquoi Socrate en fait-il un dérèglement qui fait de l'homme un ennemi de lui-même ?

→ Dans le désordre actuel, pourrions-nous encore définir un bien commun ? Quel lien entre le moi et le citoyen ?

→ Comment combattre sa propre démesure ?

→ Pourquoi harmoniser en soi désirs, énergie et raison ?

Nous vivons dans un monde uniformisé où tout se tient, soumis aux mêmes risques, et pourtant nous nous estimons séparés de ce grand réseau tissé d'interdépendance et de connexions multiples. L'essentiel de notre vie se passe dans des ensembles urbains surpeuplés où nous tentons de cohabiter, mais nous ne croyons plus à la réalité, à la possibilité d'un espace social. Peu à peu nous le dématérialisons pour vivre, selon le terme à la mode, en distanciel. Nous ne cherchons plus dans nos cités immenses que de menues sources de survie et de plaisir.

La *res publica*, la chose publique, ne nous passionne plus. La démocratie s'est lyophilisée dans un système représentatif formel et verrouillé ainsi que dans et une gestion comptable contraignante. Avec sa logique et ses finalités pratiques propres, le marché la vide de sa substance. Et la gouvernance s'est enlisée dans la culture du spectacle lucratif.

Plus rien ne nous rassemble que la confection expéditive d'un kit de survie privée. Liberté ou justice ? Solidarité ou bien-être personnel ? Nous ne pouvons plus choisir, concilier, synthétiser. Nous croyons plus à ce qui nous divise qu'à ce qui nous rapproche. Nous avons perdu l'idée d'un quelconque bien commun. Sur cette faillite démocratique prospèrent les communautés agressives qui reconstruisent l'unité brisée en séparant l'ensemble social, et les systèmes autoritaires concurrents prêts à exploiter nos moindres erreurs.

Nous ne croyons pas plus à notre essence de citoyen. À l'animal politique a succédé le consommateur, en ligne désormais. La liberté, ne s'use que si l'on s'en sert, mais nous la consommons dans les formes les plus puériles et fantasques qui soient. Nous l'épuisons, au même titre que les ressources naturelles. Liberté, que d'aveuglements pulsionnels subis en ton nom ! Ce n'est pas tout : cette déconstruction sans fin nous laisse au bout du compte toujours insatisfaits. Nous sombrons dans un malaise nihiliste, à la fois surexcités et déçus.

Comment résister à ce vertige ? Avons-nous encore un avenir politique ? Dans *La République* de Platon, Socrate compare la démocratie athénienne finissante à un navire où chaque matelot veut prendre le commandement sans posséder aucune idée de la météo, de la technique de navigation ni de la destination. Sommes-nous condamnés à affronter les tempêtes sur un bateau ivre, livrés à nos intérêts et nos passions ? Comment conserver un peu de lucidité dans la tourmente ?

***

La République met en scène le premier questionnement sur le pouvoir politique dans le monde occidental. À l'origine, le dialogue s'intitule *Politeia*, terme qui désigne à la fois la vie du citoyen et l'administration de la Cité. Il s'agit d'une grande enquête où Socrate sert de porte-voix à Platon et aborde des sujets toujours d'actualité dans nos démocraties : les relations entre l'individu et la cité, la recherche d'un bien commun, le gouvernement de soi. C'est un ouvrage foisonnant qui marque à la fois la naissance de la philosophie politique critique, la construction de l'utopie et le lancement d'un programme éducatif destiné à former une humanité nouvelle.

Notre espace politique de référence – une nation insérée dans un ensemble de nations, elle-même quartier d'un tout planétaire – diffère radicalement de la cité grecque. Trois points essentiels au moins les distinguent. Chez nous, le marché domine l'espace public. La démocratie n'est plus directe, mais diluée dans un réseau représentatif complexe. L'individu et, de façon croissante, le membre d'une communauté prévalent sur le citoyen.

En outre, le citoyen grec est un homme libre. Il faut entendre par là qu'il n'est pas un esclave, condition largement répandue dans le monde antique, quel que soit le système politique. Il n'est pas non plus ce que les Grecs appelaient un métèque, un homme libre mais natif d'une autre cité, pouvant exercer une activité mais qui reste tenu à l'écart des affaires publiques. On en comptait 20 000 à Athènes, pour 40 000 citoyens. La spécificité du citoyen athénien, c'est d'être détaché des activités économiques. Mais il est libre également en ce sens qu'il n'a pas de maître, de patron, de supérieur hiérarchique. S'il rend des comptes, c'est seulement à lui-même et à ses pairs.

Nos démocraties ont évolué, elles ont changé d'échelle et de nature. La comparaison avec la démocratie athénienne ne peut se prendre trait pour trait. Mais celle-ci peut être vue comme un modèle réduit des nôtres, une structure primitive. Et par bien des aspects, les maux qui l'affligent sont proches de nos crises actuelles.

L'enquête ouverte dans *La République* ne pousse pas comme un champignon théorique, elle se déploie dans un terreau historique particulier, un moment sensible de l'histoire d'Athènes. Celle-ci sort de sa période extraordinaire d'hégémonie et de rayonnement. La guerre du Péloponnèse, une ravageuse épidémie de peste, une période de pouvoir oligarchique ont marqué sa décadence inexorable. Le modèle de la cité vit ses dernières décennies. Bientôt la puissance macédonienne voisine, incarnée par Philippe puis Alexandre, brisera son édifice et balaiera son paradigme. Les enjeux géopolitiques vont recevoir une surface d'application plus vaste s'élargissant, bien au-delà du Péloponnèse, à toute la Méditerranée et jusqu'en Asie. Le cosmopolitisme succédera alors à l'idéologie de la cité, microcosme fermé sur lui-même, source autonome de valeur et de sens.

Mais c'est aussi de l'intérieur que la cité d'Athènes est en crise. Les différents régimes qui se sont succédé au tournant du IVe siècle ont été des fiascos. Des groupes sociaux rivalisent dans l'accès aux richesses, négoce maritime contre exploitation des ressources de la terre. L'unité originelle de la cité comme espace social dans lequel vivent des hommes politiquement libres et égaux s'est fracturée. C'est dans cette atmosphère crépusculaire d'un monde en dégénérescence que se déploie l'enquête de Socrate.

Cette crise est également une crise vécue à titre personnel par Socrate et Platon. Au cours de son procès, Socrate explique qu'à deux reprises, une fois sous le régime démocratique, une autre fois sous l'oligarchie des Trente Tyrans, il a dû participer comme citoyen désigné à une sorte de commission sénatoriale chargée de juger des suspects politiques. Dans les deux cas il a refusé de suivre la vindicte populaire, s'en tenant à ce qu'il pensait être juste et conforme aux lois. Il s'en est fallu d'un cheveu qu'il ne soit lui-même compromis. « Si dès ma jeunesse je m'étais mêlé des affaires publiques, je serais mort dès ma jeunesse », ironise-t-il.

Pourtant, ce n'est ni la peur ni la faiblesse qui lui font prendre ses distances avec une citoyenneté active. Son attitude lors de son procès le montre clairement. Il estime seulement qu'avec son sens aigu de la justice il n'aurait rendu aucun service à la cité ni à lui-même. Il a donc choisi une autre voie, la voie philosophique qui, sans quitter la cité, permet d'œuvrer pour la justice mais en ouvrant un autre champ de réflexion et d'action.

« Il faut absolument, quand on veut combattre pour la justice et si l'on veut vivre quelque temps, se confiner dans la vie privée et ne pas aborder la vie publique. » Socrate est un abstentionniste engagé.

Avec l'âge, il s'est écarté des fonctions publiques, sans cesser pour autant de dialoguer avec ses concitoyens, sur l'agora ou ailleurs, dans tous les foyers de la vie citadine. Jusqu'au bout, il a tenu à respecter sa citoyenneté et son statut d'homme libre. Pas de faiblesse devant les juges, mais pas d'exil non plus, comme ses amis le lui proposent. Estimant qu'il valait mieux « subir l'injustice que la commettre », il a choisi d'obéir aux lois de sa cité. Sa prudence ne l'a pas protégé et sa condamnation confirme son pressentiment.

Promis par sa naissance à occuper de hautes charges, Platon a connu des expériences de conseiller politique auprès du tyran de Syracuse. Elles ont mal tourné. Le philosophe n'a pas réussi à éclairer son protecteur et encore moins à peser sur ses méthodes de gouvernement. Il ne doit qu'à sa fortune et à son réseau athénien d'avoir échappé à l'esclavage dans lequel on voulait le jeter. Ébranlé par la condamnation de Socrate, refroidi par ses propres tentatives, il a fondé l'Académie, la première école de philosophie où l'on pourrait ouvrir une perspective critique sur le pouvoir, imaginer une autre cité et transmettre aux jeunes Athéniens les principes du questionnement et de l'éthique socratiques. Les deux philosophes, bien que pour des raisons différentes sont donc ce que nous appelons des déçus de la politique et, plus encore, des politiciens. Mais leur déception reste dynamique et féconde.

Il n'empêche que *La République* porte les traces très nettes des déconvenues essuyées par les deux philosophes. La cité idéalisée décrite dans le dialogue déconcerte, effraie et indigne dans ses dérives. Avec ses trois castes étanches et figées – fabricants, gardiens, dirigeants –, son communisme sexuel, son eugénisme, sa mise à l'écart des artistes, son élitisme déléguant à une minorité soi-disant éclairée – les philosophes... – la gestion des affaires publiques, elle relève d'une utopie inquiétante et parfois irrationnelle. Elle s'avère invivable et fort heureusement n'a débouché concrètement sur aucun système politique. C'est une vision réactionnaire, un fantasme totalitaire, sous-tendus par la nostalgie de la cité perdue des premiers temps démocratiques.

Toutefois, à y regarder de plus près, nous n'avons pas tout rejeté de l'utopie platonicienne. L'organisation de Callipolis – littéralement la belle cité – est-elle si éloignée de nos sociétés contemporaines ? Élite dirigeante, appareil policier, masses laborieuses soumises : cette structure a sans doute inspiré les grandes expériences totalitaires et les dictatures du monde moderne. Mais les sociétés démocratiques, même si c'est sous une forme molle, moins répressive, intègrent elles aussi le modèle platonicien, à la fois comme agencement et comme visée. Avec ses gouvernants cultivés et/ou fortunés, ses polices publiques et privées, ses masses productives et consommatrices, notre société actuelle n'a-t-elle pas intériorisé pour une large part la structure à trois étages, assez proche de celle imaginée dans *La République* ?

Mais c'est là aussi une approche expéditive, une caricature destinée à éviter le sens du questionnement mis en jeu dans le dialogue. Car dans cette grande enquête, où Socrate sert de porte-voix à Platon, une question sert de fil conducteur : qu'est-ce que la justice ? Notre conception de la justice diffère nettement de celle de Socrate et de Platon. De nos jours, une réflexion sur la justice ne pourrait ignorer les institutions et le droit. L'injustice, par exemple, c'est la violation d'un droit pourtant accordé ou l'absence d'un droit qui devrait être accordé par souci d'équité. Nous avons séparé ce droit concret d'une justice transcendante qui fonde ce qui devrait être, inspire des conduites, sans pour autant réduire le risque d'une injustice effective, souvent violente et difficilement acceptable, car le droit n'y fait toujours pas raison. De plus, nous avons ancré dans notre culture l'idée d'une justice transcendante, divine, qui surplombe le droit. Les valeurs morales diffèrent de l'esprit des lois, même si elles peuvent les inspirer. Les Grecs sont étrangers à l'éthique chrétienne.

Autre dissemblance avec nous : le citoyen athénien participe aux assemblées délibératives et détermine directement la marche de la cité. Dans les tribunaux populaires, il se fait juré et décide des sentences. Le citoyen concentre une part du pouvoir législatif et une part du pouvoir judiciaire. Pour Socrate, la vraie question qui se pose quand on veut savoir ce qu'est la justice, c'est de savoir non ce qui est juste, mais qui est juste et comment.

La question se pose d'abord à l'échelle individuelle et c'est une question éthique, de comportement individuel, sans que ce soit une question morale au sens où nous l'entendons. Cette question occupe les préliminaires qui ouvrent *La République* dans une discussion dont les enjeux et les termes nous paraissent, de prime abord, insolites. L'homme juste est-il sage ? Est-il bon ? Parfois, il est juste de faire du mal à ses ennemis. Est-il profitable d'être juste ? Un homme injuste n'est-il pas plus rusé et plus fort qu'un homme juste ?

Ce questionnement enracine la réalité politique dans la responsabilité personnelle, dans la subjectivité. Celle-ci n'est pas encore aussi sophistiquée et tortueuse que celle de l'homme contemporain. Mais nous aussi, jusqu'au bout de notre déception ou de notre indifférence, nous inscrivons encore, au plus intime de notre identité, une complicité d'essence, une connivence irréductible entre le citoyen et l'individu, entre notre vie et ses déterminations politiques. Et puis, par justice, Socrate entend une réalité très large qui couvre l'étendue de la politique. Traduite dans notre langue, la question de Socrate deviendrait celle-ci : est-ce que la politique vaut le coup ? Comment y « croire » ? Pourquoi m'y intéresser, m'engager ?

Le théâtre de la discussion mise en scène dans *La République* est significatif. Elle se déroule chez un riche métèque, au Pirée, le port d'Athènes, plaque tournante du commerce méditerranéen. On y échange de l'or et des marchandises. Le Pirée, c'est le grand marché, le Wall Street de l'Antiquité. Le prologue oppose Socrate à deux interlocuteurs stéréotypés.

Le premier, Polémarque est un riche héritier, dont le père a fait fortune dans le commerce des armes. Pour lui, la justice consiste à « faire du bien à ses amis et du mal à ses ennemis ». Polémarque incarne l'homme des réseaux d'influence, du lobbying. Ce qui lui importe, c'est de faire des affaires, de s'enrichir, sans aucune considération politique et encore moins éthique. C'est un cynique.

Le second, Thrasymaque, est un sophiste, entier et emporté. Un adepte du culte de la force. Il définit la justice comme « l'intérêt du plus fort ». Le droit, c'est la puissance stabilisée qu'un groupe impose aux autres. La justice, c'est le pouvoir et la domination. Thrasymaque, c'est un expert en communication au service des dirigeants auxquels il fournit une théorie sur mesure. Un Machiavel aussi avant l'heure.

Le long dialogue qui s'ensuit avec d'autres interlocuteurs va tenter d'apporter des éléments de réponse à la question de la justice et de l'homme juste. Mais, dès le départ, Socrate établit un double diagnostic. La cité est malade, elle souffre d'un mal politique qui fait éclater son unité. Ce que Socrate définit comme injustice, c'est cette décomposition interne qui gangrène la cité et y fait naître les dissensions, la lutte des classes, la haine. Elle résulte, d'une part, de la cupidité et de la corruption qu'elle entraîne. D'autre part, de la volonté de puissance et du discours qui la sert. Argent, pouvoir et démagogie : telles sont les maladies qui frappent la cité des hommes libres.

Hommes politiquement encore libres, mais assujettis à des passions, changeants et inconsistants, et surtout manipulables. « L'injustice rend l'homme incapable d'agir, excitant en lui la sédition et la discorde, elle en fait l'ennemi de lui-même et celui des justes. » L'injustice – équivalente, donc, de la division – rend l'individu inapte à la pensée comme à l'action. La solution théorique que propose *La République* est impraticable, mais le problème que soulève le dialogue est bien réel : la cité est malade. Rongée par la corruption et la démagogie, l'individualisme et le conformisme, elle ne peut plus fonctionner.

Face à des symptômes étroitement entretissés dans une morbidité invalidante, le traitement de Socrate consiste à imaginer une cité idéale. Les questions qui se posent à l'individu sont difficiles à cerner. Mais la cité et l'âme individuelle étant indissociables, soumises aux mêmes troubles et aux mêmes tensions, il faut commencer par se placer à l'échelle de la cité. Cette prise de recul va permettre d'observer plus facilement les choses et d'éclaircir le questionnement. La cité joue comme un miroir grossissant.

Grâce à cet effet loupe, trois problématiques essentielles, en étroite connexion, seront dégagées : l'articulation de l'individu et de la cité, la recherche d'un bien commun et le pilotage de soi. Pour mieux les aborder, Socrate invite donc ses interlocuteurs à visiter une cité idéale, Callipolis, où la justice règnerait, où elle organiserait les relations entre les différentes classes sociales et les individus. À travers la description qu'il en fait, il ne cherche pas à bâtir un programme politique qu'il faudrait appliquer d'urgence à Athènes. La cité décrite est un espace social modélisé. Callipolis est davantage idéalisée qu'idéale, un peu comme une figure géométrique qui n'existe pas dans la nature mais vaut pour structure des formes apparentes.

Socrate connaît l'âpreté de la vie politique et les passions impitoyables qui l'illustrent. Sa cité n'a donc rien d'une rêverie, c'est un dessin et un dessein, « elle n'existe en aucun endroit de la terre » et n'a pas pour vocation de s'installer un jour quelque part. « Il y en a peut-être un modèle dans le ciel pour celui qui veut le contempler, et d'après lui régler le gouvernement de son âme. Au reste, il n'importe nullement que cette cité existe ou doive exister un jour : c'est aux lois de celle-là seule, et de nulle autre, que le sage conformera sa conduite. »

Callipolis est donc une collectivité de fiction. C'est un territoire sans lieu, une utopie au sens littéral du terme. La première réflexion politique du monde occidental fait place à l'utopie, lui donne une fonction et un sens. Le recours à l'artifice permet de contester ce qui est et de donner corps à la construction imaginaire d'une cité régénérée.

Cette cité de nulle part intègre deux couches sociologiques élémentaires : les producteurs et les gardiens. Parmi les gardiens, on sélectionne les plus compétents, les plus motivés, mais aussi les plus sages, pour constituer l'élite dirigeante. À chaque classe est attribuée une fonction précise et une tendance particulière. Les producteurs sont dominés par l'appétit et le désir. Ils pourvoient aux besoins élémentaires de nutrition, de conservation et de reproduction, comme dans la cité des premiers temps de l'humanité. Mais l'accroissement des besoins, leur diversification, leur amplification ont ensuite entraîné une hypertrophie de cette tendance à la consommation des biens avec ses corollaires inévitables : la recherche du profit et de la reconnaissance sociale.

Dans leur développement, les cités ont été contraintes de protéger et d'étendre leurs territoires. D'entrer dans des jeux de rivalité et de conquête. Les gardiens sont apparus pour défendre les cités ou asseoir leur hégémonie par la violence et la guerre. Leurs qualités sont l'énergie et l'ardeur. La valeur qui leur est attribuée, c'est le courage. C'est parmi ces défenseurs de la cité qu'on recrutera les plus aptes à la diriger, les gouvernants, les « philosophes-rois » guidés par la raison et dont la vertu réside dans la sagesse.

Producteurs, gardiens : deux grandes classes et une élite extraite de la seconde. Deux facultés : l'ardeur et la raison. Deux vertus : le courage et la sagesse. Les producteurs, guidés par un appétit sans limite, font l'objet d'une approche particulière qui les soumet à un principe vertical. C'est pourquoi Socrate introduit une vertu, qui d'ailleurs doit s'appliquer à toutes les classes : la tempérance. Socrate se réfère à une norme de la culture grecque : la modération, le contrôle des passions. Ce qui est condamnable en tout, c'est l'*hubris*, l'excès, la démesure.

La justice va se déduire de ces trois vertus pour leur être ensuite réappliquée. C'est l'ordre qui assure la cohérence et la cohésion de la communauté. L'homme juste sera celui qui pourra en toute situation tempérer ses désirs et ses ardeurs et viser à une sagesse à hauteur d'homme. Celui qui harmonisera en lui le corps, le cœur et la raison, le désir, l'énergie et la sagesse. « Il y a dans la Cité et dans l'âme de l'individu des parties correspondantes et égales en nombre. »

La Cité et l'âme individuelle sont ainsi associées dans une seule et même entreprise de réunification. L'homme réunifié de Socrate et de Platon ne réprime pas ses désirs, il en connaît la force motrice. Il utilise son courage et sa volonté pour lui-même, non pas pour éradiquer ses désirs, mais pour les orienter dans une autre direction où ils se métabolisent et se subliment. Telle est l'âme individuelle que le tandem philosophique Socrate-Platon compare ailleurs à un attelage, formé d'un cheval noir (le désir), d'un cheval blanc (l'énergie) et d'un cocher (la raison) jouant au mieux sur les qualités des animaux tracteurs pour suivre sa route et atteindre sa destination.

On saisit mieux alors ce que Socrate entend par justice. Est juste ce qui tient sa place et remplit sa fonction, ce qui s'ajuste à soi. Ce qui correspond à une cohérence et une efficience intrinsèque, comme on dit qu'un raisonnement est juste ou qu'un sportif a accompli au moment voulu le geste qui s'imposait. La justice socratique est sous-tendue par les idées d'ordre et d'harmonie.

Sélectionnés parmi les meilleurs gardiens, les dirigeants éclairés, les « philosophes-rois », devront connaître ce que Socrate nomme « le bien ». Que met-il sous ce mot ? D'ordinaire, ce qui est bon, l'homme le trouve dans un objet particulier qui comble un manque, un bien matériel, par exemple. Ou alors dans ce qu'un autre lui procure, un plaisir, un sentiment, une réputation. Certains peuvent le trouver dans la connaissance de ce qui est bon pour eux. Pour Socrate, le bien ne se trouve ni dans la jouissance, ni dans la connaissance ni dans la reconnaissance. On ne peut le faire ni le posséder ni le tirer d'autrui.

Socrate le présente comme « quelque chose de plus grand que les vertus », « la science la plus élevée », « la plus haute des connaissances à laquelle les autres empruntent leur utilité et leur attirance ». Mais quand on lui demande d'en préciser la nature, d'éclaircir le contenu de son idée du bien, Socrate s'avoue incapable de le définir. Vide de finalité, la théorie politique que Socrate échafaude ne va-t-elle pas se figer dans un édifice inachevé, sans toit, ouvert sur les nuages ? Comment, transmettre à l'élite des citoyens, à de supposés savants – les philosophes-rois – une science qui se perd dans le mystère et l'indicible ? Qui décidera qu'ils la détiennent ?

Pressé de répondre, Socrate va céder en partie, sans renoncer à son refus de passer pour celui qui sait tout. Il utilise une analogie. Pour qu'on puisse se représenter l'idée du bien, il va la comparer au soleil. Le soleil est dans le monde visible, un équivalent de l'idée du bien dans le monde intelligible. Le soleil « donne aux choses le pouvoir d'être vues, mais encore la génération, l'accroissement et la nourriture, sans être lui-même la génération ». Il est condition de la vie, mais sans se confondre avec elle.

La lumière n'est ni l'œil qui voit, ni la vision elle-même. Ainsi, dans le monde de la pensée, l'idée du bien n'est-elle ni l'objet connu ni l'intelligence qui connaît. Toutes les idées, et l'âme avec, sont innervées, animées et attirées par une force qui leur donne leur vie et leur éclat. L'idée du bien est un principe et une fin. « Les choses intelligibles ne tiennent pas seulement du bien leur intelligibilité, mais tiennent encore de lui leur être et leur essence, mais fort au-dessus de cette dernière en dignité et en puissance. »

Le bien de Socrate reste donc un horizon intangible. Ce qui ne signifie pas qu'il n'existe pas ni qu'il n'ait pas d'effectivité. Tout au contraire, ce bien inconditionné est la condition *sine qua non* de la totalité du monde intelligible. Il est au-delà de la saisie des hommes, il est transcendant. C'est vers cette idée d'un bien inaccessible, ineffable, qu'on orientera l'éducation des « philosophes-rois » sélectionnés pour diriger la cité. Si Socrate pouvait le définir, on pourrait croire qu'il le connaît, qu'il en possède la vérité. Dans ce cas, l'enquête commune s'arrêterait et se refermerait dans le dogmatisme ou dans l'affirmation d'une autorité personnelle. Le bien ainsi proposé est un objectif commun que personne, aucun individu ni aucun groupe, ne peut prétendre atteindre et encore moins s'approprier.

S'il reste inaccessible, ce n'est pas en raison d'un contenu ésotérique, de nature mystique et donc incommunicable, mais parce qu'il dépasse toutes les conceptions que les hommes peuvent s'en faire. Il est extra-théorique et, s'il fallait l'actualiser, on pourrait dire qu'il est supra-communautaire. Certes, il dépasse l'humain, mais il n'est ni transhumain, ni post-humain, ni inhumain. Il est ce qui dans l'homme échappe à l'homme, le pousse en avant de lui-même, l'arrache à la pesanteur de ses déterminations naturelles et personnelles pour l'accomplir dans le champ de l'universel et de ce qui n'est jamais déterminé, à savoir sa liberté d'être. La connaissance toujours intuitive de ce bien transcendant mais fédérateur n'est pas innée. Elle réclame une formation, un apprentissage.

L'allégorie de la caverne décrit l'initiation du futur dirigeant, arraché à sa captivité dans les ténèbres. L'homme est comme un esclave enchaîné qui ne voit rien d'autre que des ombres défilant sur la paroi de la grotte. Premier stade après la libération des fers : une conversion, c'est-à-dire une orientation physique vers la source des illusions : un feu qui éclaire les objets réels dont les ombres sont projetées. Deuxième stade : le candidat est conduit à l'extérieur, vers la pleine lumière et sa source éblouissante, le soleil. La vie philosophique réside dans cette conversion vers la source de toute pensée et de toute action. Une source rationnelle, qui est à la fois la meilleure partie de l'âme et le principe d'unité de la cité.

Par bien, Socrate entend donc ce qui est bon, ce qui convient à l'individu et ce qui convient à la communauté humaine. Et ce bien idéalisé se trouve à la fois hors de toute portée et scellé dans l'intimité de l'âme comme dans celle de la cité. Il est en harmonie avec elles et il les harmonise. Il coïncide avec elles tout en leur restant extérieur, force double d'impulsion et d'attraction. Cet idéal moteur anime les hommes d'un souci tangible d'amélioration et d'une recherche d'élévation ou de dépassement. Telle cette idée du bien que les hommes se transmettent, comme un témoin invisible de leur évolution, de leur besoin de sens et de bonheur.

Mais l'originalité de la vision de Socrate est sans doute de situer ce bien dans un au-delà. Ainsi n'appartient-il à personne. Il est au-delà des nations, des communautés, des religions et des cultures. Il est comme ce ballon après lequel les hommes courent dans un match de sport collectif. C'est un objet de jeu et de plaisir dans le meilleur des cas. Il n'appartient à personne.

Le posséder pour soi, chez soi, n'aurait aucun sens. Il reste le signe lumineux d'un système symbolique, grâce auquel l'homme réduit ses déficiences biologiques, tente d'améliorer ses conditions, construit et améliore collectivement un monde qui a du sens pour lui.

Ce bien, qui ne dépend ni de mon action ni de l'image que j'en retire auprès des autres, qui outrepasse les interprétations personnelles et culturelles, c'est le désir d'un idéal qui soit à la fois amélioration concrète, bonheur et attirance spirituelle. C'est l'objet du désir humain dans ce qu'il a de plus noble et de plus efficace, d'universel et de fraternel. Et c'est à ce désir que Socrate veut éveiller. Platon reprend ce flambeau sur un terrain éducatif. Il échoue sur le terrain politique, mais crée l'Académie, une école, un foyer de formation, d'échange et de transmission qui va rayonner durant des siècles dans le paysage intellectuel occidental.

Bien commun, éducation, mais aussi invention d'un nouveau citoyen. L'homme de *La République*, ce philosophe-roi, n'est en définitive qu'un citoyen qui pilote ses désirs, contrôle ses peurs et pense sa vie. Un homme libre et éclairé. À la fin de *La République*, Socrate reprend le questionnement initial sur ce qui est juste. Il compare l'âme humaine à un assemblage de plusieurs pièces : un monstre polycéphale – sorte de Cerbère, le chien qui garde la porte des Enfers –, un lion et un tout petit homme. Les trois créatures sont mixées pour former un tout d'apparence humaine. « Or qu'affirmez-vous en faisant l'apologie de l'injustice, sinon qu'il faut nourrir, au détriment de l'homme, le monstre ou le lion ? Ou, en d'autres termes, qu'il est profitable de livrer à la rage des bêtes féroces ce qu'on a en soi d'essentiellement humain. » Prendre soin de soi, c'est donc faire sa place à ce petit homme, le nourrir et le fortifier au lieu de laisser les parties monstrueuses et sauvages de l'âme prendre le dessus. C'est chercher à les accoutumer à vivre ensemble plutôt que de « les laisser se battre, se mordre et se dévorer les uns les autres ».

Sans projet d'amélioration, l'homme capitule. Il cède la place à ceux qui, comme les sophistes sans scrupules, estiment que la justice est « l'avantage du plus fort » et que le gouvernement des hommes trouve sa justification dans la puissance et son efficacité dans la violence. Telle est la réponse à la question initiale de *La République* que nous avions, pour notre usage, reformulée ainsi : pourquoi s'occuper de politique, pourquoi chercher un bien commun, comment relier son individu à l'environnement social ? Pour rendre l'homme et se rendre soi-même meilleur. La « justice », politique et individuelle, tel est le remède de Socrate pour soigner les hommes.

Le sens de la thérapie socratique s'éclaire alors. La médecine d'Hippocrate soigne le corps. Elle combat ce qui affaiblit le corps et détruit l'unité organique. « Quand l'un de ces maux s'attache à un être matériel, ne le gâte-t-il pas, et ne finit-il pas par le décomposer, et le détruire totalement ? » Socrate voit dans la maladie physique un processus de décomposition comparable à la rouille qui détruit le fer. « La maladie mine le corps, le réduit au point de n'être même plus un corps, de même que toutes les choses matérielles, par suite du mal qui s'attache à elles, se corrompent et aboutissent à l'anéantissement. » La maladie affaiblit l'énergie vitale, elle réduit la capacité d'action du corps, elle le dissout.

La maladie de l'âme n'obéit pas totalement au même principe. Certes, la cupidité et la volonté de puissance perturbent le fonctionnement de l'âme individuelle et de la cité démocratique. Ce sont des facteurs de dérèglement et de division. Pour autant, ce ne sont pas en elles-mêmes des marques d'affaiblissement. Socrate ne dénigre jamais le désir ni la violence. « L'injustice tue les autres, si elle le peut, tandis qu'elle rend très vivace et même très éveillé celui qui l'héberge, tant elle est loin, ce semble, d'être une cause de mort ! » Ces « maladies » sont des parties du tout humain. Mais sous leur effet l'homme se trouve déjeté de son axe. La plupart du temps, elles résultent de discours captateurs qui les légitiment et les valorisent. La thérapie de Socrate combat donc ces discours de détournement. Elle vise à dériver les déchaînements possibles dont ils sont porteurs. Dans son sillage, l'éducation de l'Académie cherche à réorienter l'âme dans sa véritable direction, à placer l'élève captif de ses illusions vers une autre source de lumière.

Aux producteurs, qui doivent satisfaire les besoins élémentaires de nutrition, conservation physique et reproduction, le désir et sa régulation par la tempérance. Aux gardiens qui protègent la cité, l'énergie, c'est-à-dire le courage et la volonté. Les philosophes se voient accorder une part de sagesse. La justice devient alors la force porteuse de cohérence et d'harmonie qui fait que « chacun remplit sa propre fonction ». La même structure tripartite se retrouve maintenant dans l'organisation de l'âme. Le bon fonctionnement de l'âme individuelle, sa santé, obéit aux mêmes critères.

Combattre l'injustice revient donc, dans la cité comme dans l'individu, à traiter la division pathogène qui s'y est installée. La maladie perturbe ou détraque l'organisation naturelle du corps. « Or engendrer la santé, c'est établir selon la nature les rapports de domination et de sujétion entre les divers éléments ; engendrer la maladie, c'est leur permettre de gouverner l'un par l'autre contre la nature. » Comme dans l'organisme, c'est le désordre et la lutte des éléments constitutifs qui causent la maladie de la cité et de l'individu. En clair, soigner son âme, c'est établir en soi l'unité et l'harmonie, c'est conduire son désir et son énergie à l'aide de sa raison, mais de telle sorte que chaque fonction continue à remplir sa tâche.

***

Nous sommes aujourd'hui orphelins du bien commun. Nous ne savons plus ce qu'est le bien. Mais, si nous en avons perdu jusqu'à l'idée, jusqu'au projet, ne savons plus où il se trouve, ce n'est pas parce qu'il aurait disparu de nos radars métaphysiques, mais au contraire parce qu'il surabonde. Mille intérêts contradictoires et irréconciliables pullulent. La cité-monde prétendument unifiée par un marché global se voit, au contraire, soumise à une éruption de volontés de puissance et à un bouillonnement d'appétits chaotiques. Chaque département s'y trouve décomposé en une nuée de communautés concurrentes et peuplé par des millions d'atomes individuels qui revendiquent une part de bien et lui donnent un sens exclusif.

Tout se passe comme si une bombe à fragmentation avait frappé l'humanité. Le grand miroir économique où elle se cherchait une identité s'est brisé. Les sociétés se morcellent en fonction d'identités, d'origines et de croyances. Des communautés réelles ou virtuelles ont pris le relais des États pour imposer leurs sources d'information, leur autorité, leur soutien aux individus désemparés. Les foyers identitaires se multiplient autour de pôles d'aimantation aussi divers que l'origine ethnique, la religion, le nationalisme ou l'orientation sexuelle.

Dans la confusion, des âmes noires vont dans un sens opposé. Il n'y a qu'un seul et unique bien et il ne saurait tolérer de concurrence ni d'interprétation. Leur bien est aveugle, meurtrier. C'est le faux bien de l'ignorance et de la violence au service d'intérêts nébuleux, mais criminels et voraces. Sinistre parodie d'un bien absolu, en réalité mal absolu, devenu la spécialité idéologique du terrorisme.

Avec la multiplicité des sources d'information produite par les réseaux et l'affirmation agressives de messages primaires, dénués d'autocritique et échappant au débat public, ce n'est pas seulement la charge de vérité d'un discours qui est escamotée, c'est à présent jusqu'à sa différence avec la fiction.

La situation, il faut s'y attendre, peut sans doute empirer. Les principales études prospectives semblent annoncer un développement accru des technologies qui amplifient ce grand morcellement. Ainsi qu'un marquage accru des zones identitaire, de leur agressivité et de leur rivalité. Le rapport 2021 de la CIA annonce ainsi que « le grand public dépendra de plus en plus de ses geôliers – les médias d'information, les réseaux sociaux et les figures d'autorité et de confiance – pour distinguer la vérité de la fiction ». Sans la réduction des inégalités et des injustices au sein des sociétés et entre elles, les choses ont peu de chances *a priori* de s'améliorer.

Rien pourtant n'est joué d'avance. Le mal a son travail secret et ses conséquences peuvent s'avérer bénéfiques. La pandémie en cours nous force à constater qu'il existe une ruse du virus, comme on a pu parler d'une ruse de la raison ou de l'histoire, qui accomplirait ce que les hommes ne peuvent ou ne veulent réaliser par eux-mêmes. Dans ce grand brouillard où l'humanité se désoriente et renonce à elle-même, le coronavirus semble avoir allumé une lueur inattendue. Partout dans le monde, la vie est devenue la valeur suprême et la santé l'objectif prioritaire. Jour après jour, l'expansion de la pandémie et le bilan croissant des décès ont contribué à l'émergence d'un nouvel espace où l'humanité s'est recomposée sur la base d'un vouloir-vivre unanime.

La ruse tragique du virus nous donne à reconnaître un bien commun nouveau, qui pourrait venir transcender toutes les forces de morcellement. En France, la pandémie a longtemps fait taire les oppositions politiques. Privées de leurs cultes, les instances religieuses – preuve qu'elles sont au service de la vie – se sont inclinées devant les impératifs sanitaires.

Un collectif biologique a donc surgi, faisant de sa survie et de sa santé un nouveau bien commun.

Habituellement repoussé comme un substrat sur lequel s'édifie la vie sociale des hommes, l'être biologique a crevé les couches de méconnaissance qui le recouvraient pour devenir un germe de sens et d'unité. Le virus, en définitive, triomphe de tout ce qui sépare et divise les hommes, la géographie, les cultures, les régimes politiques, la couleur de la peau. En tuant des hommes, il a peut-être ressuscité l'humain.

La vie simple, la vie vivante et à vivre des hommes, est ainsi apparue comme une possible priorité absolue capable de freiner les ambitions économiques, de modifier le discours et le calendrier politiques, de relativiser la puissance des communautés. Avant d'être un individu consommateur, un chrétien, un musulman ou un bouddhiste, un homme blanc, noir ou métis, une femme, un homme ou un transgenre, chacun est membre d'une espèce qui a à vivre. Et chaque individu a pour lui-même ce seul horizon.

Le bien commun, ce n'est pas la banale santé telle qu'on se la souhaite le premier jour de l'année et que le virus menace, c'est la vie de tous les hommes. L'expérience virale nous a enseigné à quel point la liberté et la justice dépendent désormais des données de la vie simple. La vie simple, ce n'est pas la vie des économistes, des politiciens ou des biologistes. C'est la vie qui veut vivre. C'est aussi la vie capable de se protéger et de se soigner elle-même. La ruse des catastrophes, c'est de rappeler l'homme à ce bien commun, si proche de ce bien socratique et platonicien, à la fois source de vie et horizon intangible, condition de tout et monopole d'aucun.

Si la déforestation, la fonte de la banquise, le massacre des espèces vivantes, le saccage généralisé de la planète profitent encore à quelques-uns, il n'en est pas de même avec la pandémie. Certes, les commerçants de la pharmacie, de la vente à distance et des systèmes de contrôle trouvent encore à s'y enrichir, mais ils s'y trouvent exposés au même titre que les autres. Et ils le seront tant que les plus pauvres habitants des pays les plus pauvres ne seront pas protégés.

L'autre grand chantier auquel le temps des catastrophes nous appelle est celui de la démocratie. La vie humaine ne se réduit pas au destin des cellules. Pendant le confinement mis en place pour lutter contre l'épidémie de Covid-19, des salves de questionnement ont ranimé le débat public. Faut-il sacrifier l'activité économique et l'éducation au fonctionnement hospitalier ? Faire primer la santé sur la liberté ? Substituer définitivement la biopolitique à la citoyenneté ? Préférer la population âgée aux couches actives et jeunes de la société ? À travers cette interrogation en chaîne, la dimension politique et éthique de notre humanité est revenue au premier plan. Nous n'étions pas seulement des amas cellulaires, des particules organiques, et pas encore des robots. Et nous n'étions pas encore totalement asservis aux discours dominants. Après une phase de sidération, l'agora s'est rouverte et nous y sommes retournés.

Et le confinement a donné tout le temps et la place nécessaires à ce questionnement. Chacun, renvoyé à un examen de conscience soutenu, pouvait faire ses constats. Au premier chef, sans doute, celui du lien solide, pas toujours perceptible, qui noue la pensée individuelle aux événements collectifs. La pression de la menace sanitaire, réelle mais amplifiée par les médias, et qui jouait jour après jour sur les esprits, modifiant profondément nos perceptions, ébranlant nos certitudes et nous laissant face à notre isolement et à notre impuissance. Plus ce dépouillement devenait évident, plus nos esprits cherchaient à savoir, stimulés, par la nécessité et le désir à la fois, de s'informer pour se forger une représentation de la situation et adopter une conduite adéquate.

Notre façon de penser et de vivre la liberté a passé un scanner. Elle dépendait de la conduite des autres. Personnel soignant, enseignants et formateurs, acteurs dits de « seconde ligne ». Mais surtout, à l'opposé de notre système ordinaire de valeurs individualistes, nous étions liés viralement aux autres, nous devions les protéger de notre éventuelle charge virale, sans forcément la connaître, à travers les gestes barrières, le port du masque, la distanciation sociale, la vaccination.

L'organisme menacé, l'individu confiné et le citoyen se sont retrouvés réunis dans la même misère virale mais, face au même défi, animés par la même volonté de vivre, de savoir et d'agir. Le confinement nous a placés au point de jointure de l'intime et du social. Il n'y avait en définitive plus de différence entre le monde et nous. La vie simple, la vie qui s'examine et la vie bonne s'alignaient pour organiser notre représentation de l'événement et la conduite à adopter face à lui.

Et nous pouvions encore nous interroger sur cette liberté à laquelle nous sommes si attachés. La liberté aussi peut être absurde. Quelle maigre liberté que d'acheter des produits en ligne, de déblatérer sans fin sur les réseaux sociaux en croyant y trouver un sentiment plus intense d'exister ! Quelle pauvre liberté que de vanter les mérites d'une marque depuis Dubaï ! Quelle heureuse mais insuffisante liberté que de boire un café en terrasse !

Être libre, c'est « faire ce qui me plaît », estimons-nous. Mais souvent, pour être libre, il faut faire ce qui ne plaît pas. C'est ce qui arrive, par exemple, quand on se libère du tabac ou de toute autre addiction. Être libre, « c'est faire ce que je veux », affirmons-nous encore. Mais qu'est-ce qu'une volonté pourrait bien vouloir si elle n'était pas libre ? Et notre complexité est telle que la suppression d'une contrainte engendre une contrainte… Si, en temps de crise sanitaire, il était interdit de se confiner, notre liberté serait limitée.

C'est à une autre liberté moins primaire, moins narcissique, qu'il nous fallait réfléchir. C'est celle que nous donne un système démocratique. Prendre soin de soi, c'est prendre soin de sa citoyenneté et de sa liberté. L'individualisme qui nous sert de credo, qu'il soit aveugle ou indigné, n'apporte que l'illusion d'un refuge confortable dans le tumulte ambiant. Certes, les raisons d'être déçus du fonctionnement actuel de la démocratie, que ce soit à l'échelle nationale ou européenne, sont réelles et nombreuses. La force du marché, la logique contraignante de la représentation et des jeux d'influence sont puissantes. La scène politique peut ressembler à un théâtre baroque, loin des attentes citoyennes, où les acteurs sont plus enclins à paraître qu'à agir, à parler qu'à gérer. D'où ce désamour, ce soupçon de tricherie ou de tartufferie qui enflent et que des révélations médiatiques alimentent régulièrement. Les inégalités et les injustices, le sentiment de participer à un système pyramidal de prédation renforcent encore cette défiance à l'égard de la démocratie.

La situation ne date pas d'hier, en témoignent les critiques de Socrate à l'égard de la démocratie athénienne, plus participative pourtant que la nôtre. N'en déplaise aux moralistes ou aux puristes, la démocratie ne vise pas la sainteté. Elle préserve d'une vision trop glorieuse des hommes et des leaders, dont l'histoire nous fournit de sinistres exemples. Les programmes qui se donnaient pour objectif de transformer l'homme, d'établir un genre nouveau, ont produit des monstruosités.

On attend des acteurs politiques qu'ils améliorent les conditions matérielles et institutionnelles de la vie des hommes, pas qu'ils leur imposent un cadre moral et spirituel. Mais on n'accepte pas plus qu'ils dérogent à la décence qu'on attend d'eux. Et encore moins qu'ils donnent des leçons dont leur comportement contredit le contenu.

Il suffit d'ailleurs de comparer notre système démocratique – en voie de régression sur la planète – à d'autres régimes pour s'en convaincre rapidement. Ce qui ne signifie en rien qu'il ne soit pas nécessaire de balayer, comme on dit couramment, devant notre porte et même au-delà du seuil. Prendre soin de soi, c'est prendre soin de sa citoyenneté et de sa liberté. Ce n'est pas y renoncer, vouloir les réduire, c'est au contraire chercher à les accroître.

La liberté à laquelle nous tenons tant ne s'exerce pas sans risques. Il faut accepter de courir celui de ses excès et de sa propre caricature. Intégrer les déceptions qu'elle provoque. Celles-ci sont comme un luxe, mais faut-il rappeler que dans un système totalitaire elles sont impossibles à exprimer. La liberté démocratique n'existe pas sans débat. La pandémie a été l'occasion de réactiver ce débat indispensable. La séquence sur la vaccination obligatoire et le pass' sanitaire a de ce point de vue été la plus vive.

Mais la liberté ne va pas non plus sans limites. Un sport collectif ne se pratique-t-il pas au sein d'un terrain tracé ? Joue-t-on encore au football si on décide de pousser le ballon tout seul à l'extérieur de ce périmètre rectangulaire ? Nous aurions sans doute intérêt à renouer avec le sens de la modération dont faisaient preuve les Grecs de l'Antiquité. Surtout si elle se met au service du bien commun que nous avons identifié comme la vie des hommes. La vie régule notre demande de liberté. Sans cette modération, la liberté se retourne, elle perd son énergie et sa finalité, elle devient une passion triste, morbide, une addiction à soi, comme toutes celles qui nourrissent un individualisme transgressif et toujours insatisfait.

C'est notre troisième grand chantier. Dans nos démocraties libérales, le plaisir est notre norme et le désir la seule autorité à laquelle nous acceptons de nous soumettre. Nous revendiquons et exaltons désormais une culture de l'avoir, de la transgression et de la prédation. Cette prévalence de l'excès est à l'opposé de la culture grecque antique qui valorise la modération et rabaisse la démesure (*ubris*). La mythologie regorge d'exemples permettant de comprendre ce que les Grecs pouvaient entendre par ce terme. Icare puni pour avoir voulu s'approcher du soleil ou Prométhée pour avoir dérobé le feu aux dieux et l'avoir donné aux hommes illustrent le risque pris à outrepasser les limites humaines. Il en est de même pour les héros des tragédies, tel Agamemnon qui, dans le partage après le combat, a exigé un butin supérieur à celui qu'il pouvait obtenir.

La démesure apparaît comme une sorte de folie, de péché, une faute à tout le moins, que les hommes qui n'ont pas su rester à leur place devront payer au prix fort. Il est instructif de constater que la modération qu'ils étaient encouragés à pratiquer entend conjurer les effets néfastes du désir. Les Grecs conçoivent le désir comme un risque : celui de basculer dans une spirale intensive sans limites. Elle se manifeste dans le désir de richesse, mais aussi dans celui de posséder plus que les autres que les Grecs nomment *pléonexie*.

« Certains sont conduits à penser, explique Aristote, que ce qui donne sens à leur vie est d'augmenter leur richesse de façon illimitée… La source de cette manière de voir est qu'ils se préoccupent uniquement de vivre et non pas de vivre bien, et comme ils constatent que leurs désirs sont illimités, ils veulent également que les moyens dont ils disposent pour les satisfaire soient aussi illimités. »

Avant lui, Socrate l'a souligné en appelant à explorer une vie portée sur l'être et non sur l'avoir. La vie philosophique, celle qui s'examine et prend soin d'elle-même, est ainsi une thérapeutique des désirs. Cela ne signifie en rien que Socrate et Platon soient des contempteurs du plaisir ou des censeurs du désir. L'un et l'autre ne sont ni à éradiquer ni à punir. Bien contraire, ils les intègrent non seulement comme un principe moteur, un principe de vie, mais aussi comme une tendance essentielle de l'âme. Le monstre polycéphale que le petit homme doit maîtriser illustre cette présence de désirs puissants au cœur même du sujet grec. L'excès, la démesure sont reconnus, acceptés pour ce qu'ils sont, et reçoivent par là même leurs limites.

Ce n'est donc pas porté par une intention bien-pensante ou moralisante que l'homme doit traiter ses désirs. C'est parce qu'il est un homme libre, soumis à nulle autre autorité que lui-même, que le citoyen grec doit s'appliquer à prendre soin de ses désirs. L'homme libre ne saurait être esclave de ses envies changeantes, impulsives et inassouvissables. Il lui revient de les canaliser, de les piloter. Son but n'est pas la frustration mais l'orientation. Il ne s'agit pas pour lui de se restreindre mais de s'autoriser l'accès à une liberté plus grande.

C'est pourquoi l'homme grec – en tout cas quand il suit son idéal de sagesse – s'applique à traiter toutes les parades de séduction, les manœuvres d'emprise des beaux parleurs. Son activité de citoyen s'exerce dans un monde de discours et d'échange mais il connaît les pièges de la démagogie, les parodies de la rhétorique comme ceux du labyrinthe de sa propre parole.

Nous avons encore à apprendre de cette culture « du rien de trop » alors qu'un individualisme consumériste et addictif nous tient lieu de cadre de référence. La richesse la plus obscène, les prédations les plus violentes, la satisfaction immédiate de la moindre envie sont élevées au statut de normes et de valeurs. Nous avançons comme des ivrognes, des toxicomanes, des accros aux médicaments. Nous oublions notre destin d'hommes libres, capables de prendre en charge leurs pulsions et d'organiser leur cité.

Socrate nous invite à faire vivre en nous le petit homme fragile qui côtoie le monstre à mille têtes de ses désirs. Pour que cette cohabitation se passe au mieux, il nous appelle à solliciter le lion, troisième élément, énergétique, composant l'assemblage de l'âme. Il peut aider le « petit homme » à vaincre la peur ou le renoncement. La vie qui prend soin d'elle, c'est la vie d'un vivant libre, lucide, courageux. D'un homme qui trouve dans sa conscience la source de lumière pour s'orienter et donner un sens à sa vie.

Cette vie des hommes libres jamais ne se satisfait d'elle-même. Elle se projette dans l'avenir et pour cela s'imagine toujours autre qu'elle n'est. C'est pourquoi il nous faut reconnaître que nos utopies ne sont jamais ni insensées ni inutiles. Penser et vouloir un autre monde, ce n'est pas se livrer à une rêverie oiseuse. L'utopie rend visible ce qui n'est pas apparent, elle révèle des dysfonctionnements recouverts par les effets de voile de la vie ordinaire, conformiste et oublieuse, et le floutage de la communication de masse. Elle critique, dénonce et dément. Elle propose un contre-modèle. C'est ce que cherchaient Socrate et Platon en imaginant une cité idéale. Le résultat de leur utopie reste insatisfaisant en termes de politique pratique. Mais l'intention reste positive et féconde. Mais l'enquête qui l'entoure, avec ses digressions et ses perspectives, est aussi nécessaire que stimulante.

Sans le désir d'un autre monde, ce monde n'est-il pas irrespirable ? Sans récit concurrent, la fable dominante sombre dans le dogmatisme ou le délire. Le récit utopiste ouvre des brèches indispensables dans un discours officiel, qui sous des apparences paternalistes cherche à assurer le monopole du réalisme et de l'efficacité. Ne faut-il pas d'ailleurs constater que les pôles se sont inversés depuis longtemps ? Ne vivons-nous pas dans un espace global déjà, non pas utopique mais dystopique ? La science-fiction semble ne plus avoir d'avenir tant elle s'est confondue avec la réalité. Les acquis de la biologie synthétique aplatissent sur la réalité quotidienne les visions les plus débridées d'Aldous Huxley. Le meilleur des mondes a passé dans notre monde qui l'a digéré et normalisé. Le recours à une technologie sécuritaire ultrasophistiqué, avec notamment la reconnaissance faciale, organise chaque jour un peu plus un l'univers anticipé par Orwell dans son *1984*. La dystopie est devenue la norme. Philip K. Dick est désormais refoulé dans le monde d'avant.

Et, selon toutes les études prospectives nous n'en serions encore qu'au début. Le développement de la technologie va de toute évidence s'amplifier, continuer à modifier les comportements collectifs et individuels. À produire aussi des déséquilibres environnementaux et sociaux. Mais rien, après tout, n'est jamais écrit. L'homme peut toujours, par son refus ou sa capacité d'invention, écarter un avenir probable au profit d'un autre inattendu.

« La vraie vie est absente », écrivait Rimbaud. Elle se dérobe dans un ailleurs insaisissable. L'utopie n'a pas d'espace mais, comme cachée dans un de ses replis, elle ouvre le temps. Car dans son retrait même, sa disparition, « la vraie vie » appelle une autre vie et rend la vie programmée inauthentique, ennuyeuse, évitable. Quand la cité et les individus deviennent malades, c'est aussi la vie rêvée qui soigne la vie. Que faisons-nous d'autre, lorsque nous sommes alités, que de songer à notre guérison ?

Dans le monde démocratique, et ce depuis toujours, chaque jour qui se lève est donc une leçon stimulante de courage. Il faut y lutter contre des tentations ordinaires : l'insatisfaction, le cynisme, le désengagement, autant de passions tristes qui nourrissent le ressentiment de l'homme démocratique. Ce que nous ne comprenons plus, c'est que notre système réclame notre individualité mais pas notre individualisme. Celui-ci, loin d'être une réponse, un vecteur d'émancipation, accroît au contraire l'aliénation des individus libres.

L'exercice de cette liberté dépend, bien entendu, d'un support institutionnel, d'un système juridique et politique qui le rend possible et sans lequel il ne serait qu'un rêve fumeux. Mais chacun, à sa propre échelle, doit encore inventer cette liberté à chaque moment de sa vie, à chaque décision qu'il prend. Cela commence dans le champ d'immanence du quotidien, dans notre vie de consommateur, d'acteur social et professionnel. Cela se poursuit avec la liberté politique que chacun doit concevoir et exercer. Cela rebondit encore dans le sens que chacun donne à son existence dans le monde.

— Aller plus loin —

« Chercher et savoir reconnaître qui et quoi, au milieu de l'enfer des vivants, n'est pas l'enfer, et le faire durer, et lui faire de la place », écrit Italo Calvino dans *Les Villes invisibles*. C'est une belle prescription, une invitation stimulante. Une autre façon de nourrir et d'éduquer le « petit homme » dont parle Socrate, de le détourner de sa barbarie congénitale toujours renaissante pour lui offrir d'autres soleils et d'autres horizons. Cela vaut pour la vie personnelle comme pour la vie dans la cité. Chaque jour des petits bonheurs fugaces mais intenses apportent à l'existence une justification positive. Chaque jour des initiatives désintéressées et altruistes nous réconcilient avec l'humanité et nous redonnent confiance. Mais chaque jour aussi la société des hommes libres doit être protégée.

On peut chercher à comprendre la barbarie avec Günther Anders : *La Haine*, Rivages poche/Petite bibliothèque, **sans oublier de chercher à mieux vivre avec** Robert Misrahi : *Le Bonheur, essai sur la joie*, Éditions Cécile Defaut.

CONCLUSION

Par-delà les maux

Depuis Socrate, la somme du mal et de l'injustice n'a pas diminué dans le monde. Le volume de l'ignorance et de la démagogie ne s'est pas réduit. Bien au contraire, l'impérialisme du marché et de la technoscience leur confère désormais une amplitude illimitée. Et les hommes disposent aujourd'hui d'une capacité tragique d'autosuppression, soit dans l'embrasement nucléaire, soit à petite dose, catastrophe après catastrophe, selon le scénario d'une capitulation lente, comparable à celui d'une addiction fatale.

Face à cette situation de tension extrême, source d'incertitude et d'angoisse, les remèdes socratiques, tels que la connaissance de soi, l'enquête mutuelle, l'exercice de la liberté, la recherche d'un bien commun, peuvent sembler dérisoires et sans prise sur le réel. Mais en existe-t-il d'autres pour ceux qui veulent faire face aux épreuves individuelles et collectives que nous traversons ? Avons-nous d'autres moyens que la lucidité et le courage ? D'autres ressources que la raison et l'amour ? Le désir et l'énergie ? L'échange et la coopération ? Le destin de l'humanité aurait sans doute été pire, il serait déjà accompli, si les hommes n'avaient cherché leur chemin et leur lumière dans une sagesse obstinée et combative.

C'est là, peut-être, une voie sans gloire, éloignée de celles des saints ou des héros. Le sens des événements s'y dérobe et nous ne savons plus quelle direction choisir, nous ne savons plus ni penser ni nous engager dans le monde. Nous parcourons des zones de turbulence, d'ignorance et de souffrance. Mais l'expérience du chemin nous apprend encore à vivre dans la pénombre et à nous familiariser avec nos limites. Sans arrogance ni renoncement. Après l'obstacle, parfois même au cœur même de son épreuve, elle nous donne aussi l'occasion de nous réassurer et de reprendre confiance.

Cette voie est aussi une traverse sur la route des tyrans et des savants fous, des boutiquiers cupides et des histrions irresponsables. Une crise produit toujours des effets positifs : elle stimule notre réflexion et notre solidarité, elle aiguillonne notre vigilance citoyenne. Nous y trouvons de précieuses raisons de résister, de nouvelles formes de solidarité et de lutte. La voie à hauteur d'homme est aussi un échangeur utile où d'autres itinéraires se rêvent et se construisent et où les hommes parfois acceptent de s'engager pour éviter l'abîme et donner un autre sens à leur voyage.

Conçue dans un monde grec en crise, le message de Socrate, le philosophe-médecin, nous rappelle à l'essentiel : prendre soin de notre vie. Et nous savons mieux désormais, sous les nuages des catastrophes, ce que signifie le mot vie. Il désigne la vie des hommes vivants et ceux-ci ne sont ni des éléphants ni des abeilles, ni des arbres ni des fleurs. Certes, les catastrophes et leurs menaces, et la pandémie de Covid-19 en donne le meilleur exemple, nous rappellent utilement à notre réalité biologique. Aveuglés par les progrès et surtout les dogmes de la technoscience, nous avions oublié la présence du milieu dans lequel nous vivons. Il nous faut enfin revoir totalement notre approche. Trouver une nouvelle place dans un environnement, un monde de vivants dont nous faisons partie.

Cela voudrait-il dire pour autant, que, enivrés par un néo-naturalisme nous devions dissoudre l'humain dans le vivant ? Nier ce qui fait sa spécificité et sa différence ? D'une manière incontestable et unique l'homme est aussi bien porteur de virus que concepteur de vaccin. Cette singularité ne le dédouane pas, au contraire, de prendre soin de autres mondes vivants. C'est à la fois une nécessité et une responsabilité.

Vie du vivant qui s'assure dans sa vie, existence libre largement partagée : à ces deux chantiers possibles s'ajoute celui d'une vie qui reprend confiance dans son pouvoir de penser. De penser ce qui est bon pour nous, d'identifier notre bien commun. Celui-ci n'est pas économique ni technologique, il n'est pas communautaire, il n'est même pas philosophique. Il se cherche, certes, dans la communication entre cultures différentes, mais ce n'est là qu'un moyen. La raison partagée par tous permet d'accéder à l'espace de l'universel où nous prouvons trouver la voie d'un chemin commun.

La vie humaine n'est pas réductible au jeu sophistiqué des agressions virales et des défenses immunitaires. Dans la seule réponse efficace à l'épidémie que les nations ont pu apporter, le confinement, un autre enjeu s'est révélé dont on ne peut se détourner. C'est celui de la liberté. Non pas celle ordinaire de l'individu occidental, enivré par ses illusions de liberté, hystérisé par le non-sens qui la noyaute, mais celle du citoyen, qui sans refuser la première ne s'y réduit pas.

Il ne s'agit pas ici de souhaiter une extension de nos démocraties à l'identique, ce qui pourrait être perçu comme un néo-colonialisme. Encore que la question de l'uniformité n'effleure personne, dans l'espace émetteur, comme dans l'espace récepteur, quand il s'agit d'injecter dans toutes les cultures la prédominance des lois du marché, la valorisation de l'enrichissement, ou les gadgets technologiques.

Nous avons à nouveau des valeurs à défendre et un idéal à faire vivre. Il s'agit d'abord de se convaincre de la nécessité de la liberté politique, dans ce qui est devenu aujourd'hui un ilot occidental convoité et donc menacé. De la défendre d'abord contre ses ennemis intérieurs, les nihilistes, les cyniques, les indifférents, ou les pervers, qui l'utilisent pour mieux l'affaiblir. Cette défense se joue désormais contre des démocratures aux leviers mobilisateurs puissants et faciles à activer, comme le nationalisme ou la religion. L'idéologie de la liberté est sans doute limitée. Elle est aussi imparfaite et très critiquable. Mais si elle ne l'était pas, elle serait dogmatique et dangereuse. Et aujourd'hui, nous n'avons pas d'autre rempart. Si nos principes sont imparfaits, on sait ce qu'il advient quand ils sont bafoués.

La pandémie et l'expérience du confinement nous ont utilement rappelés à notre exigence de liberté, à notre devoir aussi. Et cette liberté s'est jouée sur un large nuancier sémantique. Liberté individuelle d'aimer, de circuler, d'entreprendre et d'agir. Liberté de penser la situation en son âme et conscience, de suivre au plus près les décisions des gouvernants et d'examiner la sincérité et la véracité de leur parole. Libération temporaire du conditionnement médiatique par une pensée unique dogmatique et opprimante. Indépendance économique et médicale à réinventer. Tous les chemins de la liberté ont convergé dans l'épreuve virale.

Car la vie humaine est bien cette « vie qui s'examine », une vie, particulière, exclusive, qui s'abstrait d'elle-même et trouve la voie de son écoulement dans le dédale des obstacles collectifs et individuels. Une telle vie sort de sa passivité initiale, d'une relation première aveugle à soi, pour se diviser, s'opposer à elle-même et se réunifier dans le mouvement qui la porte hors d'elle-même, la fait communiquer et se transmettre, s'ouvrir à la cité et au monde.

L'épreuve l'immobilise un moment, la fait reculer en elle-même, mais dans le retour à soi, elle gagne une énergie nouvelle qui ne tient pas à l'épreuve mais qui relève de sa seule autorité. Cette vie-là ne nous est jamais entièrement connue. Elle échappe aux moteurs de recherche, qui nous ciblent et nous fichent. Elle n'est pas soumise aux algorithmes, elle ne se plie à aucune règle. Elle est libre. Personne ne connaît la destination de sa liberté, il en suit seulement le chemin.

Fragile, menacée, cette vie n'est jamais une vie nue. Elle s'habille toujours d'elle-même. Elle est conscience d'être. La vie qui s'examine n'est donc pas celle du néocortex. Ce n'est pas la vie du biologiste ou du neuropsychiatre. C'est la vie vécue dans la conscience de vivre. La vie partagée dans une relation à soi, sensible et pensée, dans le dialogue et l'échange, l'amitié et l'amour.

Dans le labyrinthe du langage, aussi prégnant, si ce n'est plus, que la spirale du génome ou le réseau des neurones, elle doit trouver son fil d'Ariane, combattre les faux discours, la démagogie, les manipulations, hier les sophistes, aujourd'hui les réseaux sociaux. Elle doit aussi affronter ses peurs et ses croquemitaines. Ses angoisses et ses délires. La mort nous attend tous. Mais nous avons nos proches, nos projets, nos jeux et nos rêves. Et il n'y aura pas de seconde chance.

La vie enfin dont il faut prendre soin, c'est la vie des hommes libres dans une cité qui les protège et les réunit. Où, en dépit des gesticulations pathétiques et des postures de communication du personnel politique, une vision du bien commun reste construite, animée et partagée.

Pourtant, cette vie n'est encore rien si elle ne se dresse pas contre elle-même. Le barbare reste l'ombre portée de l'homme civilisé. Nous n'en finissons pas de recréer l'enfer sur notre route. Mais la mission des hommes consiste-elle à répandre sur terre des hordes sauvages, des massacres et des régressions ? Notre chantier depuis la nuit des temps n'est-il pas de les réduire et de les combattre ?

Pourrons-nous, voudrons-nous avancer ce chantier ? Accepterons-nous notre vérité ? Rien n'est moins sûr. Sitôt sortis de l'urgence sanitaire du printemps 2020, les dirigeants occidentaux se sont attachés à restaurer la situation économique qui prévalait avant l'épidémie. Les tensions géopolitiques se sont réactivées et les volontés de puissance réaffirmées. Telle est notre terrible vérité, le travers de notre espèce. « Nous aimons la force et la violence », résume Karl Jaspers. Et nous aimons aussi l'ignorance.

Nos pathologies en tout cas nous éclairent. Dans *L'Idiot*, Dostoïevski décrit un curieux ressenti de l'épilepsie, mal dont lui-même souffrait, au départ d'une crise « En pleine crise d'angoisse, d'hébétement, d'oppression, il lui semblait soudain que son cerveau s'embrasait et que ses forces vitales reprenaient un prodigieux élan...toutes ses émotions, tous ses doutes, toutes ses inquiétudes, se calmaient à la fois pour se convertir en une souveraine sérénité, faite de joie lumineuse, d'harmonie et d'espérance, à la faveur de laquelle sa raison se haussait jusqu'à la compréhension des causes finales. »

Nos états morbides produisent souvent des flashs de lucidité où la vérité du monde semble se dévoiler. Modifiée, la perception consciente tourne au mirage et nous perdons le sens de la réalité, au moment même où nous croyons en atteindre le secret. Notre raison nous aide et nous aveugle à la fois, et il n'est pas sûr qu'on puisse échapper au piège de la dualité.

Mais les crises ont aussi des effets souterrains de longue portée et nul ne peut connaître aujourd'hui le cheminement des rhizomes de l'avenir. Notre histoire n'est jamais écrite, elle reste notre champ de réflexion et d'action. Et notre vie ne renonce jamais à s'examiner et à se reprendre. Dans les éclairs de lucidité que l'épreuve apporte, nous voyons se dessiner les voies qui nous appellent, les chantiers qui peuvent s'ouvrir pour infléchir notre destinée dans le sens que nous souhaitons et qui serait bon pour nous.

La thérapie socratique vise à nous protéger contre toute fascination pathologique, elle nous enseigne le traitement critique qu'il faut appliquer aux récits mythologiques, à la démagogie politique, aux maîtres d'opinion, à tous ceux qui, loin de défendre ou d'enchanter la vie comme ils le prétendent, l'aliènent et l'affaiblissent. Mais reliant étroitement l'individu et la cité, tissant une complicité d'essence entre l'intime et l'universel, elle nous invite à une automédication salutaire, un retour sur soi, indispensables pour que nos fragiles convictions ne se dissolvent pas dans un babil inutile.

Contre le déluge d'opinions qui nous saoule et nous engloutit la médecine de Socrate nous prémunit. Il nous alerte sur notre paresse, notre passion étrange pour l'ignorance. Il nous invite à développer ce que nous avons de meilleur : notre lueur de raison, notre socialité, notre capacité à communiquer et à développer des systèmes d'entente et de coopération. Dans les replis de cet individu autocentré qui nous formate demeure le « petit homme » socratique, avec son aptitude menacée mais puissante à donner du sens à sa vie, à chercher à améliorer ses conditions d'existence en même temps que celles de son bonheur. À défendre ses valeurs contre tous et, au plus haut point, sa dignité d'homme libre.

Ce « petit homme », nain ontologique, d'apparence si fragile, tire du lion avec lequel il cohabite l'énergie, la volonté et le courage qui lui permettent de canaliser son désir polymorphe et toujours renaissant. Il se projette dans l'avenir, car la vie n'est rien d'autre et ne veut rien d'autre qu'une jeunesse éternelle. Il est capable de concevoir et de rechercher un bien commun et non privatif, transcendant et non réifié. Capable aussi de rêve et d'utopies, parce qu'il reste insatisfait de toutes ses œuvres. Le mythe lui est nécessaire pour affronter et dépasser le réel. Il y recourt encore pour donner un sens à sa finitude, faire en sorte qu'elle ne soit jamais totalement désespérante.

Les remèdes socratiques nous réassurent, ils fortifient notre capacité à nous soigner nous-mêmes. À penser par nous-mêmes, à refuser d'être ce que nous ne sommes pas, des choses, des objets les uns pour les autres. Les crises et les catastrophes forment notre milieu. Il nous faut y vivre et y survivre. Mais se soigner, pour Socrate, ce n'est pas seulement penser ou parler, c'est s'inscrire dans le monde et s'y tenir debout, sans céder aux passions négatives, à la peur, ou au découragement. C'est aussi lutter pour la justice, refuser la raison du plus fort et du plus riche.

Nous avons fait le tour de nos maux ordinaires, c'est-à-dire de ceux qu'on finit par ne plus voir, auxquels on s'adapte sous le poids des jours et du conformisme. Nous apercevons un bien commun possible, qui articulerait trois visées unifiantes : la protection d'un collectif vivant, la construction d'une humanité libre et la formation d'un individu qui redevient maître de sa pensée et de ses actes.

Le contre-poison socratique retrouve aujourd'hui toute son efficience dans cette période de menace épidémique, d'anxiété individuelle et de situation-limite collective. Il stimule notre réflexion personnelle, seul moyen d'éviter les pièges de nos moyens de communication qui nous plongent dans la confusion mentale généralisée. Il nous aide à conserver la tête froide, quand tous nos discours nous ramènent à la menace létale de l'épidémie. Il nous guérit de la tentation désespérée de trouver un bouc-émissaire pour conjurer nos angoisses. Tous ses effets nous sont indispensables pour vivre et bien vivre.

Mais gardons-nous de tout enchantement philosophique et de toute sacralisation. Car le philosophe guérisseur a fini par empoisonner la vie de ses concitoyens au point qu'ils l'ont fait mourir du poison. Cette étrange ironie du sort nous préserve de toute identification excessive. La santé et la maladie, la paix et la guerre, l'opulence et la pauvreté… il n'est pas d'ordonnance ultime, pas de produit miracle, contre la chaîne des dualités qui fait notre vivre et, par éclair, notre bien vivre. Des plis et des torsions qui travaillent en profondeur notre pensée et notre langage.

Poison, en grec, se dit *pharmakon*, d'où est extrait notre pharmacie. Le mot porte une ambivalence. Il signifie à la fois le poison et le remède. Socrate a voulu guérir les Athéniens malades dans leur âme et dans leur cité. Il leur a proposé son antidote, inoculé son vaccin philosophique. Son traitement associe les ressources de la pensée, la critique du discours, la recherche en commun de la vérité et d'un bien supérieur.

Socrate en est mort, pourrait-on objecter. Mais nous, à sa différence, nous sommes désormais nos propres juges et nos propres accusés,

Bien avancé, notre procès est toujours en cours Nous approchons peut-être du moment où nous aurons à boire notre ciguë. À ce point de tension extrême, nous restons libres de ne pas nous condamner.

BIBLIOGRAPHIE

Hannah Arendt, *Condition de l'homme moderne*, Pocket, 1994 ; *La politique a-t-elle encore un sens ?* L'Herne, 2007 ; *Edifier un monde*, Seuil, 2007.

François Chatelet, *Platon*, Idées nrf, 1969.

Colli, *La naissance de la philosophie*, éditions de l'éclat, 2004.

Jean-Pierre Dupuy, *Petite métaphysique des tsunamis*, Points, 2015 ; *La catastrophe ou la vie*, Seuil, 2021

Michel Foucault *L'herméneutique du sujet*, Hautes études, Gallimard/Seuil, 2001 ; *Histoire de la sexualité III, Le souci de soi*, Gallimard, 1998.

Pierre Hadot, *Exercices spirituels et philosophie antique*, Albin Michel, 2004 ; *Qu'est-ce que la philosophie antique ?* Folio Essais, 2004 ; *La philosophie comme manière de vivre*, Biblio Essais Le Livre de Poche, 2012. *Discours et mode de vie philosophique*, Les Belles Lettres, 2014.

Karl Jaspers, *Introduction à la philosophie*, Bibliothèques 10/18, 2012.

Etienne Klein, *Le goût du vrai*, Tracts Gallimard, 2020.

André-Jean Voelke, *La philosophie comme thérapie de l'âme*, Editions du Cerf, 1993.

Paulin Ismard, *L'événement Socrate*, Flammarion, 2013.
Fréderic Nietzsche, *La Naissance de la tragédie*, *Le gai Savoir*, *Considérations inactuelles*.
Jean Patočka, *Platon et l'Europe,* Verdier Philosophie, 1997.
Platon, *Apologie de Socrate, Phédon, Le Banquet, Théétète, La République, Alcibiade.*
Jean-Pierre Vernant, *L'Univers, les dieux, les hommes,* Seuil, 1999 ; *Ulysse suivi de Persée*, Bayard, 2004 ; *Mythes et pensée chez les Grecs*, La Découverte, 2012 ; *L'individu, l'amour, la mort*, Folio « Histoire », 2017.

DU MÊME AUTEUR

Ulysse et nous, éditions du Relié, 2021.

Penser à l'épidémie ; Chronique d'un confinement, éditions Sedicom, 2020.

Philosopher à la plage, Albin Michel, 2016.

Les armes d'Hercule, Marabout, 2015. *Essai sur la souffrance au travail.*

La Mère et le philosophe, Le Bord de l'eau, 2011.

Oui chacun de nous peut se transformer, entretien avec Arnaud Desjardins, Albin Michel, 2011, Poche Marabout, 2013.

La philosophie comme remède au chômage, Albin Michel, 2007, Poche Marabout, 2013.

Ouvrages collectifs sur Paul Valéry, Fata Morgana, 2013, 2016, 2018, 2020.

TABLE DES MATIÈRES

LES LIVRES AU RELIÉ

Collection Les grands formats

Allais Danielle et Claude, *Retrouver la force de l'amour*
Amar Yvan, Les Béatitudes – *L'Alchimie de l'homme*
Amar Nadège, *Cheminer avec la méditation*
Ansa Luis (romans), *La Nuit des chamans – Le Mystère du Nagual – Les Contes de l'aigle.*
Ansa Luis par Robert Eymeri : *La Voie du sentir*
Atlani Didier : *L'Arbre de la connaissance et ses cartes,* (coffret)
Bernabeu Yves, *Le Monastère planétaire*
Bentounès Cheikh, *Vivre l'Islam*
Billot Benoît, *Comment peut-on être chrétien ?*
Blain Dominique, *Etty Hillesum*
Calmé Nathalie, *Aventurières de l'esprit*
Carrière Jean, *Gracq ou les reflets du rivage*
Castermane Jacques, *La Sagesse exercée*
Chandra Swami, *Le Chant du silence,* T. 1 – *En quête de Dieu,* T. 2
Chytelman Paul, *Le Courage d'espérer*
Cianni Jean-Louis, *Ulysse et nous*
Cicognani Patrick, *Vivre en terre indienne*
Collectif d'auteurs, *La Transmission spirituelle*
Collectif d'auteurs, *Être heureux et créer du bonheur*
Collectif d'auteurs, *Karlfried Graf Durckheim*
Conty, Patrick, *La géométrie du labyrinthe*
Coupey Philippe, *Zen d'aujourd'hui*
Davy Marie-Madeleine, *Les Chemins de la profondeur*

Dechance Jacques, *Aller mieux dedans pour agir mieux dehors* (CD + Cartes)
Dechance J. et Grande M., *Sans amour qui serions-nous ?*
Delourme Alain, *La conscience élargie et sa source*
Desjardins, Emmanuel, *Vivre : la guérison spirituelle selon Swâmi Prajnânpad*
Desjardins Véronique, *Porte donnant sur la voie*
Desjardins Véronique, *Dans l'intime d'un chemin*
Ducrocq Anne, *Changer le monde en se transformant*
Durel Alain, *Vipassana*
Farcet Gilles, *Une boussole dans le brouillard – Allen Ginsberg, poète et bodhisattva beat – La Transmission selon Arnaud Desjardins – Sur la route spirituelle*
Edelmann Éric et Sophie, *Dites-leur de viser haut !*
Edelmann Éric, *La splendeur du réel*
Filliozat Anne-Marie /Guash Gérard, *Aide toi, ton corps t'aidera*
Flogny Colette, *Ren*contre avec la vie
Freeman Laurence, *Lettres sur la méditation*
Gaudin Christian et Roland Rech, *Accompagner la fin de vie zen* (dessins et textes)
Goldsmith Joël S., *La Voie infinie*
Gougaud Henri, Kalawaya, *Churla, chamane bolivienne*
Grosser Dick, *Le Bouddha à quatre pattes*
Guo Jun, *Au cœur du bouddhisme chan*
Inandiak Élisabeth D., *Les Chants de l'île à dormir debout*
Jodorowsky Alejandro, *Le Chant du Tarot – Contes paniques – À l'ombre du Yi Jing – 365 Tweets d'amour – Un Évangile pour Guérir/ Le Dieu intérieur*
Jourdain Stephen, *Une promptitude céleste – Una : un amour philosophal*
Kelen Jacqueline, *Le Manteau de magnificence*
Krishnamurti, *L'Aventure de l'éveil*

Leblanc-Halmos Bernard, *Le couple par les temps qui courent...*
Le Chenic Martine, *L'art subversif et sacré du yoga*
Leloup Jean-Yves, *Requiem – Un art de l'attention – La Vie de Jésus racontée par un arbre*
Lemoine Patrick, *Éloge de l'ennui*
Leong S. Kenneth, *Une lecture zen des Évangiles*
Levy Patrick, *La Ruse de Dieu – Sadhûs – Qui est sage ?, des contes antidotes au fanatisme*
Lipsey Roger, *Gurdjieff, un regard nouveau*
Low Albert, *Se connaître c'est s'oublier*
Lozowick Lee, *Éloge de la folle sagesse*
Mandala Patrick, *Réfléchir sur le cœur des choses, avec Gilles Farcet, Jean-Yves Leloup, Dr Jacques Vigne*
Ma Ananda Mayi, *Retrouver la joie*
Marchal Jean Dr, *L'Apocalypse de Jean*
Masson Sékiné Nourit, *Le Courage de vivre pour mourir*
Mesnage Colette, *Éloge d'une vieillesse heureuse*
Mercier Mario, *Voyage au cœur de la force*
Moss Richard, *Le Mandala de l'être*
Muller Jean-Marie, *Entrer dans l'âge de la non-violence*
Neveux Brigitte-Anne, *Yoga enfants*
Odier Daniel, *Ch'an et Zen*
Raizer Sébastien, *La caverne aux chauves-souris sous la montagne noire*
Raphael, *Le Feu de la réalisation*
Roger Marie-Sabine (roman), *Le Ciel est immense*
Rougier Stan, *L'Amour comme un défi*
Salomé Jacques, *Manuel de survie dans le monde du travail – L'enfant Bouddha* (conte, dessins de Cosey)
Sawaki Kodo, *Un zen vagabond*
Senzaki Nyogen, *La Flûte de fer*
Simon Danièle, *Corps aligné - Corps vivant*

Skali Faouzi, *Le Souvenir de l'être profond*
Shaykh al-Dabbâgh, *Paroles d'or*
Sœur catherine, *Récits d'une ermite de montagne*
Sœur catherine, *La joie du réel*
Souzenelle Annick de, *Le Grand Retournement*
Thibaut Kosen, *Les Cinq Degrés de l'éveil*
Trungpa Chôgyam, *Enseignements secrets*
Turlur Pierre, *Trois maîtres zen*
Van Eersel Patrice, *Tisseurs de paix*
Vigne Jacques, *Commentaires sur la méditation avec Tenzin Palmo – Ouvrir nos canaux d'énergie par la méditation – Le Mariage intérieur – Pratique de la méditation laique – Guérir l'anxiété – La Faim du Vide : réflexions sur l'anorexie et la spiritualité*
Vigneron Gérard, *Un médecin face à l'invisible – Se Guérir – Renaître*
Virelaude Monique, *Comment vaincre la peur*
Wang-Genh Olivier, *C'est encore loin l'éveil ?*
Wolff Franklin Merrel, *Expérience et Philosophie – Une expérience spirituelle : philosophie de la conscience*

Collection semi-Poche

Aimé Michel, *Transfiguration : les phénomènes du mysticisme*
Castermane Jacques, *La Sagesse exercée*
De Souzenelle Annick et Albrecht Pierre-Yves, *L'Initiation*
During Jean, *L'Âme des sons*
Édelmann Éric, *Jésus parlait araméen*
Giuliani Bruno, *L'Amour de la sagesse*
Gu Meisheng, *Le Chemin du souffle*
Jourdan Michel, *Vivre en solitude*

Leloup Jean-Yves, *Faire la paix – Marie Madeleine à la Sainte-Baume*
Levy Patrick, *Le Kabbaliste*
Muller Jean-Marie, *La violence juste n'existe pas*
Osho, *La Voie de l'Amour*
Rabhi Pierre, *Ce que nous dit la nature*
Rech Roland Yuno, *Manuel de méditation zen – Le Champ de la vacuité – L'Illumination silencieuse*
Rodière Marie-Jeanne, *Construire sa voix*
Salomé Jacques, *Et si nous inventions notre vie ?*
Stan Rougier, *La Passion de la rencontre*
Van Eersel Patrice, *À la recherche de la vie intérieure*
– Collectif sous la direction de Patrice van Eersel : *L'avenir est à la tendresse*
Vigne Jacques, *le Maître et le Thérapeute*
Thicht Nat Hanh, *Jésus et Boudha sont des fréres*

Collection Livres + CD audio

Desjardins Arnaud, *Réponses pour le présent.*
De Smedt Marc, *Retrouver l'esprit de la méditation*
De Souzenelle Annick, *Nous sommes coupés en deux*
Gougaud Henri, *Renaître par les contes*
Alejandro Jodorowsky, *La Vie est un conte*
Kelen Jacqueline, *Le Provisoire et L'éternel*
Leloup Jean-Yves, *Qui est « Je suis » ?*
Leloup Jean-Yves, *Requiem* + CD de Jean-Paul Dessy
Rabhi Pierre, *Conscience et Environnement*
Rech Roland Yuno, *Sûtras* + CD Sûtras
Vergely Bertrand, *La Foi, une nostalgie de l'admirable*

Achevé d'imprimer en mars 2022
sur les presses de la Nouvelle Imprimerie Laballery
58500 Clamecy
Dépôt légal : mars 2022
Numéro d'impression : 203438

Imprimé en France

La Nouvelle Imprimerie Laballery est titulaire de la marque Imprim'Vert®